KB081828

선택받는
인재의
조건

선택받는 인재의 조건

임승엽 지음

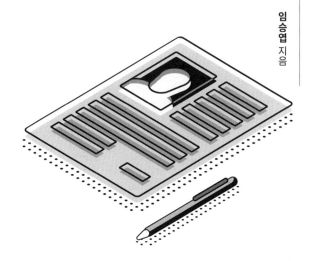

리즈앤북
ries & book

혹시 취업시장의 사정이 예년보다 조금이나마 나아졌다는 소식을 들어본 적이 있는가? 적어도 내 기억에는 없다. 단 한 번도, 희망적인 이야기는 없었던 것 같다. 언제나 '올해가 가장 힘들다' 또는 '사상 최악의 상황이다'와 같은 우울한 뉴스뿐이다. 아마도 올해보다 내년이 더 힘들 것이고, 내후년은 더더욱 팍팍해질 것이다. 해가 갈수록 취업의 문턱은 높아져만 간다. 도대체 왜 그런 것일까?

모두가 알다시피 우리나라는 1998년에 IMF 금융위기를 겪게 되었다. 그리고 이를 기점으로 본격적인 저성장시대에 돌입하였다. 저성장시대에 발을 맞춰 기업들은 각종 투자에 몸을 사리게 되었고, 자연스럽게 사람을 뽑는 일에도 매우 조심스러워졌다. 이와 동시에 구직자들의 수준은 비약적으로 발전해 왔다. 대부분이 높은 수준의 고등교육을 이수하였고, 어학연수나 인턴십 프로그램 등 다채로운 경험들을 쌓아온 친구들이다. 바늘구멍을 통과할 낙타들은 점점 몸집이 커지고 있는데, 그렇지 않아도 작았던 바늘구멍은 아예 없어져

버리기라도 하려는 듯 더욱더 작아지고 있다.

이러한 상황 속에서 취업을 준비하고 있는 후배들을 만날 때 내가 가장 먼저 느끼는 감정은 미안함이다. 그나마 내가 취업에 도전한 것은 지금보다는 조금이라도 더 나았던 과거의 시점이었으므로, 시기적인 혜택을 받았다고 생각하기 때문이다. 물론 당시에도 취업은 쉽지 않았고, 많은 노력과 인내 끝에 직장인이 될 수 있었다. 단지 해가 갈수록 취업 시장의 상황이 점점 더 어려워지고 있음을 너무나도 잘 알고 있기에 안타까운 마음을 쉽게 비워낼 수가 없었다. 특히나 기업의 인사팀에서 근무한 경험이 있고, 현재도 다양한 인사 담당자들과 협업을 이어가고 있는 사람으로서 혹독한 취업 시장의 상황을 누구보다 잘 알고 있는 터라, 좀처럼 무거운 감정들로부터 자유로워질 수가 없었다.

나는 날 때부터 오지랖이 넓은 사람이다. 길을 가다가 두리번거리고 있는 외국인을 발견하기만 해도 먼저 길을 알려주겠다며 말을 걸 정도이다. 누군가는 이런 나를 보고 '과잉친절 인간'이라고 말해 준 적도 있었다. 직장생활을 시작하고 얼마 지나지 않아 나의 넓은 오지랖은 취업을 고민하는 후배들에게까지 이어지게 되었다.

많은 사람들이 대기업이나 공기업에서 일하는 것을 선망하고 있는데, 나는 감사하게도 두 조직에서 모두 근무해 본 경험이 있다. 이러한 경험이 후배들에게 도움이 될 것이라고 생각하였다. 취업을 준비하는 후배들의 궁금증을 해소시켜줄 수 있다면 무엇이든 하고 싶었다. 그리하여 실제로 주변 후배들로부터 이런저런 질문을 받고 나름의 답변을 해주며 그들의 취업 과정을 응원하게 되었다.

질문을 하고 나의 이야기를 듣던 후배들이 하나둘 취업에 성공했다는 반가운 소식을 들을 때면, 앞서 언급했던 미안한 감정들을 조금씩 덜어낼 수 있었다. 넓은 오지랖 덕분에 좀처럼 쉽게 내려놓지 못했던 무거운 마음들로부터 자유로워질 수 있었던 것이다. 도우면 도울수록 마음이 편안해지는 놀라운 현상을 발견한 나는, 더욱 많은 이들을 효과적으로 도울 수 있는 방법을 고민하게 되었다.

고민의 답은 바로 '글'이었다. 그동안의 질문과 답변들을 글로 정리한다면 직접 대면하지 않더라도 많은 이들에게 도움을 줄 수 있을 것이라고 생각했기 때문이다. 이 책은 취업으로 고민하고 있는 청춘들에게 조금이라도 도움이 되고 싶다는 마음으로 시작되었다.

이 책의 첫 번째 특징은, 취업을 준비하는 청춘들의 진짜 궁금증을 해소시켜 준다는 점이다. 여러 청춘들이 취업을 도전하는 과정 중에 실제로 내게 물어보았던 다양한 질문들에 귀를 기울였다. 그리고 취업을 준비한다면 누구나 가지고 있을 법한 대표적인 질문들을 선별하여 그에 대한 대답을 알기 쉽게 풀어 설명하였다. 책 속에서 취업에 대한 여러 가지 질문을 묻고 있는 등장인물의 대부분은 실제로 나와 함께 고민을 나누었던 후배들이다.

두 번째 특징은, 취업에 성공하기 위해 필요한 핵심 원리를 전달하고 있다는 점이다. 시중에서 판매되고 있는 많은 취업 관련 도서들을 살펴보면, 합격자들의 자료라면서 단순히 자기소개서 샘플과 면접 답변 예시를 잔뜩 긁어 붙여놓은 경우가 있다. 그런데 이는 어디까지나 남의 이야기일 뿐이다. 결국 취업 과정에서 필요한 것은 진짜 나의 이야기인데, 다른 사람의 이야기로 가득 차 있는 도서가 과연 얼마나 큰 도움이 될 수 있을까? 이 책에서는 본인의 이야기를 효과적으로 전달할 수 있는 핵심 원리를 설명하고자 노력하였다.

세 번째 특징은, 단순한 취업 대비용 '수험서'가 아니라 성장을 이끌어 내는 '자기계발서'가 되기를 지향하고 있다는 점이다. 일반적인 취업 수험서는 취업 성공 이후에 다시는 꺼내볼 일이 없다. 그러나 이 책은 나의 강점 찾기, 일을 잘하는 방법, 직장생활에 대한 마음가짐 등 '취준생'에서 '직장인'으로의 성장을 돕기 위한 진심어린 조언들까지 담겨 있다.

한 권의 좋은 책은 사람의 인생을 변화시킬 수 있다고 한다. 이 책을 통해서 꿈을 향해 고민하고 있는 청춘들의 인생이 '취준생'에서 '직장인'으로 변화하는 데 작게나마 도움이 될 수 있기를 바란다.

2019년 여름, 임승엽··

취업준비생 시절, 지금 내 문제가 무엇인지 막막할 때가 있었다. 온라인에는 개인화된 취업 경험이 넘쳐났고, 단지 취업에 성공했다는 이유만으로 누군가는 자신의 경험이 진리인 양 우쭐대며 설파를 했다. 또 누군가는 매번 달라지는 취업 트렌드를 따라가지 못한 채 '카더라' 정보를 흘리며 이리저리 돌아다녔다. 가뜩이나 혼란스럽고 힘든 취업준비생 기간 동안에 어떤 정보가 사실이고, 가치 있는 것인지를 제대로 분별할 수 없었다. 그저 편파적이고 파편화된 정보들을 곧이곧대로 받아들일 수밖에 없었다.

다행히 운이 좋게도 취업 관문을 뚫을 수 있었던 나는 취업 기간의 시행착오들을 복기하며 후배들에게 도움이 되고자 했지만, 이 또한 편파적이고 파편화된 정보에 지나지 않음을 깨달았다. 채용 과정에 대한 깊이 있는 이해 없이 '나는 이렇게 합격했으니, 너도 이렇게 해봐라'라는 식의 조언으로 소위 '가오'를 잡는 듯해 양심의 가책도 느껴졌다. 그러던 찰나에 우연히 이 책을 접하게 되었다. 책을 읽으며, 지난 취업 준비생활의 A부터 Z까지, 잘한 점과 못한 점들이 파노라마처럼 지나갔다. 마치 전설 속에 내려오는 무공 비기를 습득한 것처럼 모든 것이 명확해졌다. 그리고 취업 준비를 시작하는 아끼는 후배에게, 그다지 도움 되지 않을 '썰'을 푸는 대신 이 '비기'를 선물하기로 마음먹었다.

이 책을 통해 독자들은 자신들이 반드시 해결해야 하는 근본적이지만 강력한 체크리스트를 얻을 수 있을 것이다. 또한 저자가 덧붙이는 HR 분야의 지식과 인사팀 근무 경험에서 오는 조언들은 채용에 관한 기업의 관점을 이해하도록 도울 것이다. 책에서 소개하는 '핵심 원리'를 자신의 것으로 만들어서, 자신만의 취업 해답을 찾아가기를 바란다.

이종찬(CJ ENM 입사자)

내가 취업준비생이었을 때, 이 책이 있었다면 얼마나 좋았을까! 취업준비생일 때는 궁금한 것도, 답답한 것도 참 많았다. 인터넷 여기저기에 올라온 출처를 알 수 없는 '카더라 정보' 한 줄에 절망하기도 했었고, 단순히 남의 경험담과 나의 이야기를 비교하며 자존감을 갉아먹기도 했었다. 하지만 무엇보다 힘들었던 점은 나의 깊은 답답함을 해결하기 위하여 누구에게, 무엇을, 어떻게 물어보아야 할지조차도 혼란스러웠다는 것이다. 그때의 나와 비슷한 감정을 느끼고 있을 지금의 많은 취업준비생에게 이 책을 꼭 권하고 싶다.

이 책은 취업준비생이라면 누구나 궁금해 할, 그러나 제대로 질문하지도 못하고 제대로 된 답을 듣기도 어려운 질문들을 한곳에 모아놓았다(취업준비생보다도 취업준비생의 마음을 더욱 잘 꿰뚫고 있는 질문들이다!). 물론, 취업에 정도가 없듯이 이런 질문들에도 정답은 없을 것이다. 하지만 이 책은 세세하고 친절하게 그 질문들의 원리를 파고들어 내가 스스로 질문에 대한 답을 내릴 수 있도록 도와준다. 그 덕분에 이 책은 단순히 취업 합격을 넘어서 내가 한 명의 '직장인'으로서 어떻게 살아가야 하는지까지 준비할 수 있게 해준다.

이 책의 저자는 취업준비생이었던 나의 질문들을 허투루 지나쳐 버리지 않고 함께 고민했었다. 이 책은 미래의 인재들이 가지고 있는 수많은 '물음표'들을 '느낌표'로 바꾸어줄 것이다. 그들의 밝은 앞날을 위해 더 나은 준비를 할 수 있게 만드는 고마운 책이 될 것이다.

박지민(SK 이노베이션 입사자)

5장   그 밖의 성장을 위한 질문들

?

취업 준비에 대한 질문들

- 어떤 스펙을 더 쌓아야 할까요
- 서류 전형에서 정말로 필터링을 하나요
- 취업스터디 모임은 꼭 필요한가요
- 취업스터디 모임은 어떻게 해야 하나요
- 기업에 대해서 어떤 조사를 하면 좋을까요

질문 하나

어떤 스펙을 더 쌓아야 할까요?

인턴으로 일했던 수민이는 언제나 눈코 뜰 새 없이 바쁜 아이였다. 매일 아침 출근하기 전, 근처 영어학원에 들러 새벽반 토익 수업을 수강하고 왔다. 저녁시간도 허투루 보낼 줄 몰랐다. 퇴근 후에는 곧장 다시 중국어학원으로 달려가 HSK 시험을 위한 야간수업을 듣는다고 했다. 곧 인턴 근무가 종료될 예정이었던 수민이에게 어떤 방학 계획을 가지고 있냐고 물어보았다. 새벽부터 저녁까지 빡빡한 일상을 보내고 있는 것을 잘 알고 있었기에 잠시 여행이라도 즐기는 여유를 가지길 바라면서…. 수민이는 방학 계획에 대해 망설임 없이 대답했다.

"방학에는 자격증 시험을 보려고 해요. 〈한자 2급〉과 〈컴퓨터 활용능력 2급〉이요. 제가 아직 자격증이 없거든요. 선배님! 또 어떤 스펙을 더 쌓는 게 좋을까요?"

취업준비생 대다수가 스펙을 쌓기 위해 엄청난 시간과 돈을 투자한다. 공인 어학 성적을 높이기 위해서 어학원을 다니고, 각종 자격증을 취득하기 위해서 인터넷 강의를 듣는다. 틈틈이 공모전도 참가해 보고, 봉사활동도 한다. 아무것도 하지 않으면, 남들 다 하는 스펙 쌓기 경쟁 속에서 나만 뒤처질지 모른다는 불안감에 휩싸이게 된다. 불안감으로 시작하는 스펙 쌓기, 과연 이대로 괜찮을까? 어학 성적, 각종 자격증 등 열심히 쌓은 스펙들은 정말 '나'라는 사람의 특징을 제대로 보여줄 수 있을까?

본래 '스펙(Spec)'이라는 용어는 각종 전자기기 등의 제품이 갖추고 있는 사양을 나타내는 영어단어 Specification을 줄여 부르면서 회자되었다. 취업준비생들을 시장에 출시하는 상품에 비유하여, 어떤 능력과 자격을 갖추고 있는지 표현한 것이다. 그런데 이 스펙이라는 용어는 Specification이 아니라 Specialty의 줄임말이 되었어야 바람직하다. 나에 대한 호기심을 자극시킬 수 있는 나만의 특별한 'Specialty'를 쌓아야 한다는 의미이다.

대다수의 취업준비생들이 열심히 쌓고 있는 스펙이라는 것을 떠올려보자. 지금까지 쌓아온 당신의 스펙을 생각해 봐도 좋겠다. 영어(TOEIC), 중국어(HSK), 일본어(JPT) 등의 시험 성적과 워드프로세서, MOS, ITQ 등의 각종 컴퓨터 자격증 그리고 이름 모를 낯선 단체에서 실시한 몇 시간의 봉사활동 기록… 대략 이러한 범주 안에서 대동소이하지 않은가? 모두가 가지고 있을 법한 스펙으로는 전혀 면접관의 눈길을 끌지 못한다. 그리고 남들 다 있는 컴퓨터 자격증 하나 없다고 합격과 불합격이 갈리지도 않는다.

소위 말하는 '카더라 통신'에 속지 말자. 'A기업은 ○○대학 출신만 선호한다', 'B기업은 TOEIC 900점이 기본이다'와 같은 스펙에 대한 각종 추측과 소문들은 대부분 '가짜 뉴스'인 경우가 많다. 나 역시 취업을 준비할 때는 검증되지 않은 스펙에 대한 여러 오해들을 굳게 믿었다. 본격적인 직장생활을 시작하고 나서야 스펙에 대한 오해를 바로잡을 수 있었다. 나의 첫 번째 직장이었던 대기업 입사동기 중에는 TOEIC 성적이 낮은 게 아니라 아예 없는 상태로 당당히 합격을 한 친구도 있었다. 심지어 이 친구는 과장 직급까지 무난하게 승진했고, 현재까지도 성공적인 직장생활을 이어가고 있다.

나의 스펙에 대한 오해를 바로잡아 준 사례는 또 있다. 두 번째 직장에서 인턴 채용을 진행할 때의 일이다. 5명의 지원자에 대한 면접을 진행하는데, 다들 각종 화려한 스펙들로 이력서를 빼곡하게 채워 왔었다. 단 한 명을 제외하고! 그 지원자의 이력서에는 빈칸이 유독 많았는데, 자격증을 적는 란에는 딱 한 줄이 적혀 있었다. 텔레-마케팅 관리사. 일단 처음 들어보는 자격증이었다. 텔레-마케팅에도 자격이 필요한지, 대체 어떤 과목을 시험 보는지 등이 궁금했다. 이러한 호기심을 가진 것은 비단 나뿐만이 아니었다.

면접이 시작되자마자 모든 면접관들이 이 낯선 자격증에 대해 물어보기 시작했다. 질문이 몰리다 보니 자연스럽게 그 지원자는 상대적으로 본인에 대해 소개할 수 있는 시간을 더 많이 확보하게 되었다. 더욱이 신규 입사자가 사무실에서 실질적으로 가장 많이 하게 될 업무 중 하나는 바로 '전화 당겨 받기'가 아닌가! 결과는 당연히 합격이었다.

스펙을 쌓을 때, Specification과 Specialty를 구분하자. 공장에서 찍어낸 듯 남들도 다 가지고 있는 스펙이 바로 Specification이다. 천편일률적인 스펙은 면접관으로부터 나에 대한 호기심을 전혀 자극하지 못한다. 남들과 뭔가 다른 나만의 특별함을 보여줄 수 있는 Specialty가 바로 올바른 스펙이라고 생각한다. 궁금해서 물어볼 수밖에 없는 스펙을 쌓기 위해 노력하자. 스펙의 본질은 나에 대한 호기심을 갖게 만드는 것이다. 그리고 그 호기심을 호감으로 연결시키는 것이 합격의 문을 여는 열쇠이다.

Question 1
그동안 당신이 쌓아온 스펙(Spec)들을 정리해 보세요. 당신의 스펙은 남들과 크게 다를 바 없는 Specification에 가까운가요? 아니면 차별성이 있는 Speciality에 가까운가요?

....

....

....

Question 2
당신은 남들에게 어떤 매력(특별한 강점)을 가진 사람으로 비춰지기를 바라고 있나요? 구체적인 모습을 그려보세요.

....

....

....

Question 3
지금 당신이 바라고 있는 그 특별함을 갖추기 위해서는 어떠한 노력들이 필요한가요?

....

....

....

나만의 특별함을 보여줄 수 있는
Specialty를 쌓아라!

질문 둘

서류 전형에서 정말로 필터링을 하나요?

　　겨울방학이 끝나갈 무렵에 민상이를 만났다. 민상이는 1년 전 모 대학교에 경영학부 3학년으로 편입을 했고, 이제 졸업을 한 학기 앞두고 있었다. 경영학부에 편입하기 전까지 민상이는 일반 기업이 아닌 전혀 다른 분야에서 일을 할 계획이었다. 그래서 다른 친구들과 비교했을 때 취업에 대한 정보가 많이 부족한 것 같아. 시간이 날 때마다 인터넷 취업커뮤니티에 올라오는 여러 합격 후기들을 읽어보면서 무엇을 준비해야 할지 알아본다고 했다. 최근에는 취업 준비 때문에 휴학까지 생각하고 있다고 했다.

　　"휴학이라도 해서 스펙을 더 쌓아야 하려나 봐요. 필터링으로 다 떨어뜨린다는데, 저는 아직 스펙이 부족한 것 같아서 걱정이거든요. 어차피 지원해 봤자 필터링에 걸려서 떨어지지 않을까요? 그런데 말이에요. 진짜로 기업들이 서류 전형에서 필터링을 하나요?"

대한민국의 취업준비생들이 미친 듯이 스펙(Spec) 쌓기에 열중하는 이유는 무엇일까? 바로 '필터링(Filtering)' 때문이다. 그렇다면 이 '필터링'의 의미는 무엇일까? 출신 학교, 학점, 토익 성적 등의 스펙들을 활용하여 합격의 최소 기준을 정해 놓고, 그 기준에 미달하면 아예 서류 전형에서 탈락시키는 것을 뜻한다. 소위 '걸러내는 작업'이라고 볼 수 있다.

필터링에 대해서 가장 많이 묻는 질문은 크게 두 가지이다. 첫 번째는, 기업의 채용 과정에서 실제로 필터링이 사용되는지 여부이다. 두 번째는, 필터링이 실제로 진행된다면 기업들의 필터링 설정 기준이다. 어떤 기준으로 필터링을 하는지 궁금한 것이다. 이 두 가지 의문점을 해결하기 위하여 인터넷 상의 각종 취업 커뮤니티에서는 뜨거운 논쟁이 벌어지기도 한다. 합격자들은 각자의 스펙을 서로 조심스럽게 공개해 가며, 각 기업의 입사 최소 기준선을 추측해 보기도 한다. 물론 그 추측의 결과들은 제대로 검증할 수도 없다. 그저 인터넷 여기저기를 떠돌고, 누군가에 의해 확대 재생산되면서 '더욱 스펙을 쌓아야만 한다'는 불안감을 가중시킬 뿐이다. 베일에 싸여 있는 필터링의 비밀은 무엇일까?

과연 기업들은 실제로 필터링을 하고 있을까? 그렇다. 공식적으로 인정한 것은 아니지만, 많은 기업들이 서류 전형 등에서 필터링을 실시하는 것은 사실이다. 특히 대규모 채용이 진행될 때 필터링을 활용하는 경우가 많다. 선호도가 높은 대기업과 공기업 신입사원 공채가 열리면 수많은 지원자가 도전을 한다. 겨우 한두 명을 뽑는 자리에 수백의 지원자가 몰리기도 한다. 지원자들의 서류를 프린트해서 쌓으면 일반 성인의 신장을 훌쩍 넘을 정도라고 한다. 그리고 그 서류에는 각자 열심히 쌓아온 이런저런 스펙들이 빼곡하게 적혀 있다. 채용담당자들은 그 많은 응시서류 하나하나를 꼼꼼히 살펴보며 비교 검토할 수 있을까? 아마도 물리적으로 불가능한 일에 가까울 것이다. 그러나 컴퓨터에게는 그다지 어려운 일도 아니다. 몇 가지 조건만 값으로 설정해 놓으면 순식간에 순위대로 나열시킬 수 있다.

그렇다면 필터링은 어떻게 진행되는가? 일단 전산시스템으로 필터링을 하기 위해서는 정보의 계량화가 필요하다. 지원자의 이력서 상에서 숫자로 변환시킬 수 있는 정보를 최대한 수치화시킨다. 출신 학교를 예로 들어보자. A대학교는 10점, B대학교는 9점, C대학교는 8점, D대학교는 7점, A~D를 제외하고 서울권 4년제 대학교는 6점, 경기도 내 대학교는 5점… 같은 방식으로 점수화시킬 수 있다. 학점이나 토익 점수와 같이 애초에 숫자로 되어 있는 정보는 처리하기가 더욱 쉽다. 이처럼 이력서 상의 각종 정보를 계량화하여 점수를 부여하면 순위가 도출된다. 그리고 많은 사람들은 이렇게 도출된 순위에 따라서 순차적으로 1등부터 서류 전형 합격을 할 것이라고 생각한다. 그런데 이것이 내가 꼭 바로잡아 주고 싶은 필터링에 대한 가장 큰 오해이다.

가령 △△전자라는 기업이 있다고 가정을 해보자. 신입사원 선발을 위한 이 기업은 공채를 진행했고, 100명의 지원자가 모였다. 약 20명을 선발할 계획이다. 즉, 80명을 필터링으로 걸러내야 한다. 단순하게 생각한다면 100명의 지원자 중 1등부터 20등까지 합격을 시키고, 21등부터 100등까지는 떨어뜨리면 된다. 그런데 중요한 것은 △△전자의 산업 내 위치이다. 만약 △△전자가 업계 1위 기업이라면 별 걱정 없이 1등부터 20등까지 뽑으면 된다. 단순하다.

하지만 △△전자가 업계 2위 또는 그 이하라면 많은 고민이 필요하다. 100명의 지원자는 △△전자에만 지원한 것이 아니기 때문이다. 100명 중에는 업계 1위인 ○○전자에 지원한 사람들도 존재한다. 만약 △△전자가 1등부터 20등까지 합격을 시켰는데, 이들 중 10명 정도가 업계 1위 ○○전자에도 합격하게 된다면 그들은 △△전자가 아닌 ○○전자에 입사할 가능성이 훨씬 크다. 이탈자가 발생한 △△전자는 울며 겨자 먹기로 별로 마음에 들지는 않지만 탈락자 집단에서 다시 채용을 진행해야 하는 상황이 발생한다.

따라서 기업들은 전략적 채용을 진행한다. 자신들의 상황에 적합한 Right People을 선발하기 위해, 필터링을 하더라도 자신들만의 기준을 수립하여 진행하는 것이다. 가끔씩 스펙이 엉망진창이거나 아예 내세울 만한 꺼리가 없는 지원자임에도 당당히 합격했다는 사례들이 꾸준히 나오지 않는가? 바로 이러한 이유 때문이다.

제대로 확인도 되지 않은 채 인터넷을 떠돌고 있는 필터링에 대한 각종 루머에 속지 말자. 합격의 가능성은 모두에게 열려 있다는 것을 기억하자. 필터링의 기준은 기업마다 채용 전략에 따라서 제각각이고, 심지어 채용이 진행될 때마다 그 기준은 변경된다. 그리고 외부에 비공개를 원칙으로 한다. 따라서 필터링의 기준은 완전하게 '랜덤(Random)'이라고 정리할 수 있다.

나의 스펙이 특정 기업의 필터링 기준에 부합할지 안 할지는 실제로 지원해 보지 않고서는 절대 알 수가 없다. 지레 겁을 먹고 지원조차 해보질 않는다면, 아예 기회의 문을 스스로 닫아버리는 꼴이다. 취업은 결국 확률 싸움이다. 지원해 보고, 문을 두드리는 수가 많으면 많을수록 합격의 가능성도 점점 높아지는 것이다. 필터링에 대한 오해를 바로잡아서 도전조차 해보지 않는 우를 범하지 않기 바란다.

Question 1

기업들은 저마다 전략적 채용을 진행합니다. 이에 대응하기 위해서 취업에도 전략적인 접근이 필요합니다. 어떠한 전략이 필요할까요?

Question 2

기업의 채용 정보를 놓치지 않기 위해서 내가 할 수 있는 전략적인 노력은 무엇일까요? (ex. 주요 취업 포털사이트 업데이트 알림 설정, 입사 희망 기업 채용 홈페이지 즐겨찾기 등)

Question 3

전략적인 입사 지원을 위해 희망하는 산업군이나 직무 분야를 고민해 보았나요? 아직 해보지 않았다면 반드시 지원해야 할 우선순위를 정리해 볼 수 있나요?

문을 두드리는 수가 많을수록
합격의 가능성도 높아진다.

취업스터디 모임은 꼭 필요한가요?

수빈이는 무엇이든지 혼자서 잘 하는 사람이다. 먹고 싶은 게 생기면 어디든지 혼자서 찾아가 맛있게 먹고 돌아온다. 보고 싶은 영화가 있으면 혼자 영화관에 간다. 여행도 마찬가지였다. 혼자서 떠나는 '나 홀로 여행'을 좋아하고, 종종 술이 당길 때는 집에서 '혼술'도 즐긴다고 했다. 그렇다고 사교성이 떨어지거나 대인관계 기피증 같은 것이 있는 것은 절대 아니었다. 그저 여러 사람과 만나기 위해서 시간과 장소를 정하고 약속을 잡는 과정들이 귀찮을 뿐이라고 했다. 취업에 대한 고민을 나누는 중에도 수빈이의 그러한 개성이 잘 드러났다.

"선배님, 그렇지 않아도 바빠 죽겠는데 군이 여러 명이 모여서 함께 준비를 해야 하나요? 취업스터디 모임은 꼭 필요한가요? 혼자서 준비해도 충분하겠죠?"

"재능은 게임을 이기게 하지만, 팀워크는 우승을 가져 온다."

미국 농구 NBA의 전설 마이클 조던(Michael Jordan, 1963~)이 팀의 중요성을 강조하며 언급한 말이다. 개인의 노력보다 팀은 더 많은 것을 이룰 수 있다는 의미이다. 공통의 목표를 달성하기 위하여 각기 다른 사람들이 모여 협력하는 집단을 '팀(Team)'이라고 부른다. '취업'이라는 공통된 목표로 모였다고 생각하면, 취업스터디 모임도 일종의 팀에 해당된다. '취업'을 위해 일시적으로 결성된 태스크포스(Task Force) 정도로 볼 수 있겠다.

취업스터디의 필요성을 질문한다면 꼭 참여해 보라고 강력하게 추천하고 싶다. 왜냐하면 개인 혼자 준비하는 것으로는 경험할 수 없는 취업스터디만의 여러 가지 장점이 있기 때문이다.

개인이 가질 수 없는 취업스터디만의 장점은 무엇이 있을까?

첫째, 다른 이야기를 들어볼 수 있다.

여러 사람이 모인 집단의 가장 큰 매력은 바로 다른 생각과 시각을 공유하는 것이다. 내가 미처 몰랐던 정보와 다른 분야의 지식, 새로운 경험들을 들어볼 수 있다. 스스로 바라볼 수 없었던 나의 강점과 약점도 발견할 수 있다.

둘째, 제대로 된 연습을 해볼 수 있다.

연습은 실전처럼 해야 한다. 혼자서 하는 연습은 한계가 있다. 실제 사람들 앞에서 느끼게 되는 긴장감과 떨림은 혼자서 인위적으로 만들어낼 수가 없는 것이다.

셋째, 시간을 보다 효율적으로 사용할 수 있다.

개인이 혼자서 1시간을 투입하면 정직하게 1시간짜리 결과물이 산출된다. 집단은 그렇지 않다. 5명으로 구성된 집단이 있다고 가정해 보자. 구성원 개개인이 1시간씩 투입하여 얻은 결과물을 서로 공유하면, 결과적으로 5시간짜리 산출물을 얻어 가는 셈이다.

나 역시 취업스터디 모임에 참가했었다. 당시 인터넷 다음 카페 〈취업 뽀개기〉를 통해서 총 6명의 멤버를 모집하였고, 우리는 매주 1~2회씩 모여 시간을 가졌다. 결과적으로 6명 모두 취업에 성공했고, 누구나 이름을 대면 바로 알 수 있는 대기업과 공기업 그리고 금융권에 고르게 입사하였다. 전원 합격이라는 쾌거를 이룬 것이다. 누군가 취업스터디의 성공 비결이 무엇이었냐고 물을 때면 나는 '각자 달랐기 때문'이라고 대답한다. 일단 우리는 학교가 모두 달랐고, 전공도 경영학, 행정학, 불문학, 영어학 등으로 다양했다. 취업을 희망하는 분야도 기획, 마케팅, 인사, 해외영업, 은행, 공공 등으로 제각각이었다. 취업스터디 모임이 이렇게 공통분모가 없어도 괜찮을까 싶을 정도였다.

그런데 서로 완전히 다르다는 점이 오히려 시너지를 발휘했다. 경제/사회 이슈를 각자 정리해서 공유를 하더라도 겹치는 게 하나 없었다. 그러다 보니 모일 때마다 서로 배워 가는 게 많았다.

스터디 멤버들이 아니었으면 평생 관심조차 가져 보지 않았을 내용들을 접해 볼 수 있었다. 자기소개서 첨삭, 모의 면접, 모의 토론 등을 할 때도 마찬가지였다. 완전히 다른 시각과 관점에서 서로 의견을 나누다 보니 많은 것들을 얻을 수 있었다. 스터디 멤버들을 통해서 강점인줄 몰랐던 강점을 발견하기도 하고, 애써 외면하고 감춰두었던 약점을 직면하게도 되었다.

무엇보다 우리는 경쟁이 아니라 '협업'한다는 생각이 강했다. 애초에 지원하는 분야가 제각각이었기 때문이다. 경쟁이라는 생각이 없었기 때문에, 서로 주고받는 생각과 피드백에 부끄러워 하지도 상처받지도 않았다. 그저 '취업'이라는 공통의 목표를 위해서 끝까지 협력했을 뿐이다. (협력이 지나쳐서 스터디 멤버 중에는 결혼을 하고, 지금은 예쁜 아이와 함께 행복하게 살아가는 커플까지 나왔다!)

코칭의 대가로 불리는 존 휘트모어(John Whitmore, 1937~2017)는 저서 『코칭 리더십』에서 팀 조직의 개발 단계를 소개하고 있다. 그에 따르면, 성공하는 팀의 특징은 구성원들이 '의지'하고 '경쟁'하는 것을 넘어서 서로 '협동'을 한다는 것이다. 취업스터디 모임도 일종의 팀 조직이다. 모임을 통해서 그저 내게 없던 정보 몇 가지만 얻어 가려는 것은 이기적이다. 남과 비교하여 '내가 좀 더 낫네' 하는 안도감 정도만 느끼고 돌아가는 것은 소극적이다.

진정한 팀의 묘미는 적극적인 협업을 통해 시너지를 발휘하는 것이다. 시너지를 통해 공동의 목표를 함께 달성하는 것이 바람직한 팀의 모습이다. 취업스터디 모임에 참여하여 집단이 가진 놀라운 힘을 느껴보자! 어차피 취업에 성공하면 회사라는 조직의 구성원이 되어 다른 사람들과 '함께' 일을 해야 한다. 혼자서 일하고 싶다면 취업이 아닌 개인 사업자가 되어야 한다. 취업스터디는, 서로 의견을 교환하고 대립도 해보면서 더 나은 개선점을 찾아가는, 함께 일하는 방법에 대한 선행학습으로서도 충분한 가치가 있다.

성장을 이끄는 코칭 질문 3

Question 1
협업을 통해서 좋은 성과를 냈던 경험을 떠올려 봅시다. 협업이 성공했던 이유는 무엇이었나요? 반대로 실패했다면, 그 이유는 무엇인가요?

Question 2
취업 준비 과정 중 여러 사람들과 함께 노력하여 얻을 수 있는 장점은 무엇일까요?

Question 3
취업스터디 모임을 통해서 당신은 다른 사람들로부터 무엇을 얻고 싶은가요? 반대로 당신은 다른 사람들에게 어떤 도움을 줄 수 있나요?

집단을 통한 협업은
'시너지(Synergy)'라는 놀라운 힘을 발휘한다.

質문 넷

취업스터디 모임은 어떻게 해야 하나요?

수강신청 기간이 될 때마다 예지는 평가 항목에 '조별 과제'가 있는지 여부를 반드시 확인한다고 했다. 조별 과제에 대한 몇 번의 부정적인 경험이 있기 때문이다. 과제만 하려고 하면 연락이 두절되는 사람, 준비해 온 자료에 성의라고는 전혀 찾아볼 수 없는 사람 등 하나하나 다 말하기에 입이 아플 정도라고 했다. 다른 사람들과의 공동 활동에 트라우마(Trauma)가 생겨버린 예지와 취업스터디 모임에 대한 대화를 나누게 되었다.

"조별 과제를 하려고 하면 일단 모이기가 힘들어요. 뭐가 그리 핑계도 많고 바쁜지… 게다가 무임승차하려는 밉상도 정말 많죠. 취업스터디 모임도 마찬가지인 것 같아요. 모이면 웃고 떠들고 놀다가 끝나거나, 아예 흐지부지 되어버리는 경우도 많다고 하더라고요. 좀 제대로 된 취업스터디 모임을 진행하려면 어떻게 해야 할까요?"

앞에서 우리는 취업스터디 모임이 가지고 있는 장점을 살펴보고, 취업스터디에 참여하면 왜 좋은지 필요성에 대해서 이야기하였다. 좋은 이유를 알았으니 이제 실행에 옮기기만 하면 된다. 그런데 문제는 이때부터다. 어떤 것의 중요성을 머리로 잘 아는 것과 실제로 행하는 일은 전혀 다른 이야기이기 때문이다. 건강관리를 위해서 균형 잡힌 식습관과 꾸준한 운동이 필요하다는 사실은 모두가 이미 잘 알고 있지만, 이를 실천하는 사람은 흔치 않다. 실천하기로 굳게 마음을 먹더라도 대부분 작심삼일(作心三日)로 끝나버리는 경우가 많다. 이처럼 잘 아는 것이라도 실행으로 옮기는 일은 매우 어렵다.

앞서 우리는, 취업은 혼자서 준비하는 것보다 같은 처지에 있는 사람들 여럿이 모여서 함께 준비하는 것이 더 좋겠다는 필요성을 잘 알았다. 이제 다음 단계는 '실행'이다. 성공적인 취업스터디를 진행하기 위해서는 어떻게 해야 할지 살펴보도록 하자.

성공적인 취업스터디 모임이 되기 위해서는 '그라운드 룰(Ground Rule)'이 필요하다. 그라운드 룰이란, 본래 야구 등의 스포츠 경기에서 규격화된 경기장이 아닌 장소에서 시합을 진행할 때, 그 시합에만 예외로 적용시키는 규정을 의미한다. 가령 지붕이 있는 돔 구장에서 야구 경기를 할 때, 공이 지붕에 맞고 떨어지는 경우에는 어떻게 볼 것인지 등을 미리 정하여 양 팀의 감독, 코치진,

선수들과 합의를 하는 것이다. 취업스터디 모임에서도 참가자가 모두 합의하고 준수할 그라운드 룰을 미리 정해 놓는 게 중요하다. 그리고 모든 참가자들이 그 그라운드 룰을 철저히 지키면서 모임에 참여해야 한다.

일반적으로 취업스터디 모임 등의 그라운드 룰을 정하라고 제안하면 '지각 시 벌금' 정도만 떠올리곤 한다. 그러나 그라운드 룰은 보다 넓은 범위에 해당하는 내용을 구체적인 수준으로 정해 놓는 것이 좋다. 그라운드 룰을 쉽게 정할 수 있는 3단계를 소개한다.

1단계, 고정된 일정과 장소를 정하자.

어떤 모임 등에서 총무 역할을 해본 적이 있는가? 만약 경험이 있다면 여러 사람들과 약속 한 번 잡는 게 얼마나 힘든지 알 것이다. 이 사람 저 사람 사정을 다 듣고 반영하다 보면, 도저히 함께 모일 수 있는 시간과 장소를 찾을 수 없다. 따라서 특정한 요일과 시간 그리고 장소까지 미리 정해 놓아야 한다.

예를 들면 〈매주 화요일과 목요일, 오후 3시부터 6시까지, 대학로 A 모임공간의 세미나 룸〉 하는 식으로 아예 고정해 놓고, 이것을 엄격하게 지킬 수 있는 사람만 스터디 모임에 참여하도록 해야 한다. 매번 메신저 단체 대화방 등에서 모임의 시간과 장소를 정하느라 실랑이 벌이는 일이 없도록 하자. 고정된 일정과 장소를 정하여 시간 낭비를 최소화하자.

2단계, 정해진 일정마다 무엇을 할지 정하자.

모임을 이끌어줄 '베테랑'이나 '멘토' 없이 모이다 보면 무엇을 해야 할지 막막한 경우가 더러 있다. 취업스터디에서 해야 할 주요 활동들은 채용정보 공유, 자기소개서 검토, 사회문화 이슈 공유, 기업분석 내용 공유, 직무분석 내용 공유, 모의 면접, PT 연습, 토론 연습, 면접 후기 공유 등이다. 이러한 활동들을 시기와 구성원들의 필요에 맞게 전략적으로 구성하는 것이 필요하다.

가령 스터디모임 초기이거나 서류 전형이 한참일 때에는 당연히 '채용정보 공유'와 '자기소개서 검토' 등에 시간 비중을 많이 두어야 한다. 그리고 구성원 각자의 자기소개서 콘텐츠들이 어느 정도 다듬어질 무렵부터는 곧바로 면접을 대비하는 활동의 비중을 확대해 가야 한다.

취업스터디 활동 계획 예시

- 1주차 : 채용정보 공유 + 자기소개서 검토 + 사회문화 이슈 공유
- 2주차 : 사회문화 이슈 공유 + 자기소개서 검토 + 기업분석 내용 공유
- 3주차 : 사회문화 이슈 공유 + 모의 면접 + 면접 후기 공유
- 4주차 : 사회문화 이슈 공유 + PT 및 토론 연습 + 면접 후기 공유

위의 예시는 어떤 활동을 중심으로 스터디 모임을 운영해 갈 수 있는지 주 단위로 제시한 것이다. 일반적으로 각 기업들은 채용 프로세스를 학교 졸업 등의 학사일정과 맞물려서 서로 비슷한 시점에 진행한다. 따라서 취업스터디 모임 활동 계획은 시간적인 흐름에 맞추어 수립하는 것이 적절하다.

3단계, 각 활동을 어떻게 실행할 것인지 정하자.

큰 집을 짓고 있는 두 사람이 있다고 가정해 보자. 두 사람은 오늘 작업을 마치면서 내일부터 집 외관에 페인트칠을 시작하기로 약속했다. 다음 날 아침이 되자 두 사람은 각자 맡은 구역에서부터 페인트칠을 시작했고, 점심쯤 되어 작업 지점이 맞닿는 순간 매우 당황스러워 했다. 각자 칠하고 있던 페인트 색깔이 달랐기 때문이다. 무엇이 문제일까? 페인트칠을 하자고만 했지, 무슨 색깔로 어떻게 칠할 것인지는 정하지 않았기 때문이다.

취업스터디 모임의 활동들도 무엇을 할지만 정할 것이 아니라, 더 나아가 구체적인 진행 방법까지 합의해야 한다. 그래야만 서로 다른 색깔의 페인트를 칠하는 우를 범하지 않을 수 있다. 아래의 예시를 참고하여 각 구성원들의 필요에 맞도록 구체적인 진행 방법을 정하도록 하자.

취업스터디 활동별 진행 방법 예시

자기소개서 검토 →	사회문화 이슈 공유 →	모의 면접
스터디 모임 시간에 자기소개서를 함께 작성하는 것이 아니라, 각자 미리 작성해 온 내용을 함께 검토하고, 교정할 부분을 체크하도록 한다.	각자 공유하고 싶은 3가지 이슈를 자유롭게 선정하여, 자료 원문과 본인의 의견 요약 후 인쇄해 온다. (경제 분야 이슈를 반드시 1개 이상 포함한다.)	실제 면접에서의 긴장감을 경험할 수 있도록 각자 맡은 역할에 진지하게 임하며, 진행 장면을 반드시 비디오 촬영하여 다 함께 개선할 점을 찾아본다.

앞서 설명한 취업스터디 그라운드 룰 정하기를 다시 정리해 보면 ① When & Where → ② What → ③ How의 순서와 같다. 모임을 위해서 가장 기본적으로 필요한 '시간과 장소'를 정하고, '무슨 활동'을 할 것이며, 그 활동들은 '어떻게 진행'할 것인지 점점 구체화하는 구조이다.

구체적인 활동 계획과 규칙이 없는 '스터디 모임'은 매번 신변잡기적인 이야기를 나누다가 술이나 진탕 마시고 돌아오는 비생산적인 '술터디 모임'으로 전락해 버리기 십상이다.

"신은 디테일에 있다(God is in the details)."

20세기 최고의 건축가로 꼽히는 루트비히 미스 반 데어 로에(Mies

van der Rohe, 1886~1969)가 그의 위대한 건축물에 대한 질문을 받을 때마다 자주 인용한 말이라고 한다. 철저하고 세부적인 계획을 세울수록 실행과 성공의 가능성은 높아진다. 취업스터디 모임도 마찬가지이다. 구체적인 그라운드 룰을 만들고, 이를 지키려는 노력이 어우러진다면 참여하는 모두가 Win-Win하는 스터디를 이끌어 갈 수 있을 것이다.

성장을 이끄는 코칭 질문 4

Question 1

취업스터디 모임이 성공적으로 운영되고 있다고 판단할 수 있는 기준은 무엇일까요? (ex. 출석률이나 참여율, 자료 준비 정도, 모임 횟수, 취업성공률 등)

Question 2

취업스터디의 성공적인 운영을 위해서 구성원 모두가 반드시 지켜야 할 규칙에는 어떤 것이 있을까요? 당신이 생각하는 우선순위를 세 가지 정도 꼽아보세요.

Question 3

반드시 지켜야 할 규칙들을 어겼을 경우에는 어떠한 조치를 취해야 할까요? 규칙을 위반했을 때 행해야 할 규칙까지 정할 수 있을까요?

신은 디테일에 있다.
구체적이어야 실행으로 이어진다.

질문 다섯

기업에 대해서 어떤 조사를 하면 좋을까요?

인문학을 전공한 소연이는 '문송합니다(문과라서 죄송합니다)'라는 말을 절실히 공감한다고 자주 이야기했다. 기업들이 인문학 전공자를 별로 선호하지 않는 추세도 그렇지만, 스스로도 기업에 대해서 잘 모른다는 사실이 자신감을 더욱 떨어뜨린다고 했다. 그래도 소연이는 다른 친구들과 비교했을 때 면접의 기회는 많이 얻는 편이었다. 다음 주에도 2개 기업의 면접이 예정되어 있다며 고민을 꺼내놓았다.

"복수 전공으로 경영학을 해보지 못한 게 후회가 돼요. 기업에 대해서 잘 모르다 보니 면접에 대한 두려움이 크거든요. 면접 보러 갈 회사에 대해서 뭐라도 좀 알아야, 할 말도 많고 대답도 잘할 수 있을 것 같은데 말이에요. 면접 전에는 어떤 조사를 하면 좋을까요?"

두 가지 대화의 모습을 떠올려보자. 하나는 어린 시절부터 오랫동안 알고 지내온 동네 친구와의 대화이다. 그리고 다른 하나는 태어나서 오늘 처음 만난 사람과의 대화이다. 동네 친구와의 대화는 부담이 없고 편안하다. 대화의 소재도 다양하다. 그동안 함께 겪은 시간과 경험들 하나하나가 다 재미있는 이야기꺼리가 된다. 반면 오늘 처음 만난 사람과의 대화는 어색함 그 자체이다. 소개팅 경험을 떠올려보면 쉽게 공감할 수 있겠다. 말 한마디, 한마디마다 대화가 뚝뚝 끊긴다. 정적이 흐르는 순간이 잦아지고, 다시 다른 이야기꺼리를 찾기 위해 애를 쓴다.

두 대화의 차이는 무엇일까? '앎'의 차이라고 생각한다. 서로에 대하여 얼마나 잘 알고 있느냐의 차이가 대화의 편안함을 결정하게 된다. 상호 간에 알고 있는 정보가 없을수록 그 대화는 어색해진다. 알면 알수록 대화를 나눌 소재도 많고, 공감하기도 쉬워진다.

채용 면접도 일종의 대화이다. 그런데 오랜 친구와의 대화가 아닌, 낯선 이와의 불편한 대화에 가깝다. 면접관은 지원자의 답변을 들으면서 우리 회사 구성원으로 채용시켜도 될지 아니면 집으로 돌려보내야 할지를 고민한다. 지원자는 면접관을 통해서 이 회사에 입사하는 게 좋을지 아닐지를 고민한다. 마치 대화의 상대방이 연인 또는 배우자로 적합할지 아닐지를 생각하면서 이야기를 나누는 소개팅이나 맞선과 비슷하다. 면접관도 지원자도 모두 불편한 대화의 자리이긴 해도, 각자의 사정을 따져보면 아무래도 지원자가 일방적으로 불리한 구조이다. 왜냐하면 면접관은 일단 평가를 한다는 권한을 가지고 있고, 이력서와 자기소개서를 통해서 지원자에 대한 많은 정보를 가지고 있기 때문이다.

지원자가 조금이라도 편안한 대화를 나누기 위해서는 어떻게 해야 할까? 지원자도 해당 기업에 대해서 많이 아는 수밖에 없다. 많이 알면 알수록 답변의 소재도 풍성해지고, 한결 자신감과 여유도 생기는 법이다. 그렇다면 기업에 대한 깊이 있는 정보를 탐색하기 위해서 지원자는 어떤 자료들을 살펴보아야 할까?

첫째, 기업의 홈페이지를 살펴보자.

홈페이지는 기업을 조사하기 위해서 지원자들이 가장 쉽게 접할 수 있는 채널이다. 기업은 홈페이지를 통해서 본인들이 전하고 싶은 정보들을 홍보한다. 기본적으로 어떤 사업을 영위하고 있는지, 어떤 제품과 서비스를 시장에 공급하고 있는지 파악할 수 있다. 또한 기업이 추구하는 비전과 미션을 볼 수 있고, 기업의 DNA인 핵심 가치도 살펴볼 수 있다.

CEO의 메시지를 통해서 경영의 방향성을 확인할 수 있으며, 원하는 인재상과 내부 조직도 및 직무들을 소개하기도 한다. 여기까지는 대부분의 지원자들이 살펴보는 정보이다. 그런데 'IR'까지 살펴보는 지원자는 많지 않은 것 같다(대부분의 기업 홈페이지에는 IR이라는 메뉴가 별도로 존재한다).

IR은 'Investor Relation'이라는 용어의 약자이다. 기업이 투자자로부터 안정적인 투자 자금을 유치하기 위하여 자신들의 여러 가지 정보를 공개하는 활동을 의미한다. IR에는 기업의 재무적인 성과부터 투자자들에게 자신의 사업이 매력적으로 보일 수 있는 다양한 홍보 자료들이 제공된다. IR 자료들을 꼼꼼히 살펴보면 이 기업이 경영활동 중 어떤 면에 자원을 집중시키고 있는지 파악할 수 있다.

둘째, 전자공시시스템(http://dart.fss.or.kr)**을 살펴보자.**

금융감독원에서 운영하고 있는 전자공시시스템을 알고 있는가? 전자공시시스템에서는, 주식시장에 상장되어 있는 기업은 물론이고, 어느 정도의 규모를 갖춘 대부분 기업들의 재무 정보를 확인할 수 있다. 자료를 검색하는 방법은 매우 간단하다. 일단 전자공시시스템 접속 후, 찾고자 하는 기업명을 선택한다. 그리고 '정기공시'라는 항목에 체크를 하고, 조회하고픈 기간을 설정한 뒤 검색을 누르면 끝이다. 사업보고서, 반기보고서, 분기보고서 등의 자료들이 나오는데, 뭐든 클릭하여 열어보도록 하자. 열람은 100% 무료이니 비용 걱정할 필요는 전혀 없다.

이곳에 등재되어 있는 보고서들의 항목은 대체로 비슷하며, 〈사업의 내용〉과 〈재무에 관한 사항〉을 중점적으로 읽어본다면 해당 기업에 대한 이해가 한결 깊어질 수 있다. 물론 그 내용은 어렵다. 특히 재무에 관한 사항은, 회계에 관한 기초 지식이 없다면 용어 하나하나가 무슨 의미인지 파악조차 어려울 수 있다. 교양과목으로 회계원론 정도를 수강해 보거나, 재무제표 읽는 방법을 쉽게 설명해 놓은 도서들이 시중에 많이 나와 있으니 한 번쯤 읽어볼 것을 권장한다.

셋째, 기업과 관련된 뉴스를 살펴보자.

그 기업의 일원으로 오랫동안 함께 일을 해보지 않은 이상 해당 기업이 어떠한 과정들을 거치며 성장해 왔는지 쉽게 알 수 없다. 경영상 어떠한 이슈가 있었고, 성공과 실패, 기회와 어려움들을 겪어왔는지 파악하기는 어렵다. 그러나 그 기업과 관련해서 그동안 언론이 다뤄온 주요 뉴스들을 시간의 흐름에 따라 체크해 보면, 간접적으로나마 행보를 파악할 수 있다. 방법은 네이버나 구글을 통해서 해당 기업과 관련 뉴스를 검색해 보는 것이다. 나 같은 경우에는 약 10년 정도의 기간을 설정하고 뉴스를 검색해 보곤 했다. 살펴보다 보면 내용이 겹치는 뉴스들도 상당히 많기 때문에 10년치 주요 뉴스를 일독하는 데 생각보다 오랜 시간이 걸리지는 않는다.

넷째, 증권사 분석 리포트를 살펴보자.

지원하는 기업이 '코스피(KOSPI)' 또는 '코스닥(KOSDAQ)'

주식시장에 상장되어 있다면, 증권사에서 발행하는 리포트를 참고해도 큰 도움이 된다. 기업의 주가는 그 기업의 현재 실적과 미래의 전망을 고려한 종합적인 가치를 나타낸다. 각 증권사의 애널리스트들은 해당 기업의 적정 주가를 예측하기 위해서 다양한 기법으로 그 기업을 분석하여 보고서로 내놓는다. 이 보고서에서는 해당 기업이 진입해 있는 산업 전반에 대한 전망부터 개별 기업의 비즈니스 모델에 대한 기회와 위기 요인 등을 제3자의 관점으로 평가하여 설명하고 있다. 네이버에 접속하여 〈금융〉 메뉴를 선택하고, 〈투자전략〉을 클릭하면 각 증권사에서 올리는 다양한 리포트를 검색하여 열람할 수 있다.

'지피지기(知彼知己)면 백전백승(百戰百勝)'이라 하였다. 상대방을 잘 알면 알수록 승리에 가까워지고, 유리해진다는 의미이다. 면접은 면접관과 지원자 간에 대화를 통한 밀고 당기기 싸움이다. 면접관은 이력서와 자기소개서를 통하여 지원자에 대하여 속속들이 알고 있는 반면, 대부분의 지원자는 기업에 대해 아는 게 그리 많지 않다. 정보의 불균형성을 해소할 나름의 노력이 필요하다. 지원자도 해당 기업에 대하여 최대한 많은 정보를 인지하고 면접에 임한다면, 나름 대등한 대화를 나눌 수 있게 된다. 해당 기업에 대해 깊이 있게 이해하고 답변하는 것과 아무런 정보도 없이 답변하는 것에는 차이가 날 수밖에 없다.

기업에 대한 충분한 학습은 지원자의 답변에 살을 붙여준다. 또한 해당 기업의 상황에 적절한 내용을 말하게 한다. 최소한 엉뚱한 대답은 피할 수 있는 것이다. 그리고 해당 기업에 높은 관심과 애정을 가지고 있다는 긍정적인 인상도 전달할 수 있다. 소개팅을 하게 되면 우리는 주선자에게 소개팅에 나오는 상대방이 어떤 사람인지 이것저것 물어보곤 한다. 면접은 마치 '기업'을 상대방으로 만나는 소개팅과 같다. 해당 기업에 대해 충분히 알아보고 갈수록 면접관과의 대화는 더욱 풍성하고 편안해질 것이다.

Question 1

면접 예정인 기업의 창업 과정을 조사해 봅시다. 창업주는 어떠한 목적을 가지고 회사를 설립했나요? 창업주는 어떠한 가치를 중요하게 생각하며 회사를 이끌어 왔나요?

Question 2

그 기업은 어떤 제품이나 서비스를 통해서 수익을 창출하고 있나요? 그 제품과 서비스를 제공하기 위해 어떤 단계들을 순차적으로 거치고 있나요?

Question 3

경쟁사와 비교했을 때 그 기업만이 가지고 있는 특별한 점은 무엇인가요? 현재 또는 가까운 미래에 이 기업의 경영활동에 영향을 미칠 수 있는 중요한 이슈가 있나요?

오랜 친구와의 대화가 편안한 이유는
서로를 잘 알고 있기 때문이다.

?

2장

서류 전형에 대한 질문들

● 자기소개서는 어떻게 써야 하나요

● 자기소개서를 제대로 읽어보기는 할까요

● 성장과정에는 무슨 이야기를 적어야 할까요

● 지원동기에는 무슨 말을 쓰는 게 좋을까요

● 입사 후 포부는 어떤 내용을 적어야 하나요

질문 여섯

자기소개서는 어떻게 써야 하나요?

후배 하경이와 만나 대화를 나누면 언제나 즐겁다. 만날 때마다 본인이 경험한 새롭고 다양한 일들을 재미있게 이야기해 주기 때문이다. 그 이야기를 듣고 있다 보면 시간 가는 줄 모르게 된다. 이야기를 맛깔나게 전달하는 타고난 재능이 있는 것 같다. 말 주변이 뛰어나기 때문에 취업 과정에서 겪을 면접과 토론 등에 대한 걱정도 별로 없을 것 같았다. 그런데 아무 걱정 없을 것 같던 하경이가 예상치 못했던 의외의 고민을 털어놓았다.

"선배! 말하는 거랑 글을 쓴다는 건 완전히 다른 이야기 같아요. 자기소개서를 쓰려고 컴퓨터 앞에만 앉으면 막막해져요. 무슨 말을 어떻게 써나가야 할지 정말 머리가 하얗게 된다니까요. 자소서는 도대체 어떻게 써야 하나요?"

기억에 남는 몇 권의 책들을 잠시 떠올려보자. 너무 어려워서 읽기 힘들었던 책과 너무 재미있어서 시간 가는 줄 모르고 읽었던 책. 나에게 고통스러웠던 책은 법학 전공도서인 『민법총칙』이었고, 시간 가는 줄 몰랐던 책은 소설가 더글라스 케네디의 『빅픽처』였다. 『민법총칙』은 일단 용어 하나하나가 한문으로 적혀 있어서 책을 읽는 내내 옥편을 옆에 끼고 있어야 했다. 그리고 그런 단어들로 구성된 문장 하나를 이해하려면 여러 번 다시 읽고 한참을 생각해야 했다. 책 한 장을 넘기는 데 길게는 한 시간씩 걸렸다. 반면에 소설 『빅픽처』는 책을 열자마자 궁금해지는 다음 내용과 속도감 있는 전개에 완전히 매료되어 쉬지도 않고 단 몇 시간 만에 다 읽어버렸다.

자기소개서도 마찬가지이다. 만약 누군가 당신의 자기소개서를 읽을 때, 흥미롭고 쉽게 이해가 되어서 중간에 쉬지도 않고 단숨에 끝까지 읽는다면, 바로 그것이 잘 작성된 자기소개서라고 하겠다. 처음부터 끝까지 술술 읽게 되는 자기소개서는 어떤 특징을 가지고 있을까?

첫째, 군더더기 없이 간결한 문장으로 작성되어 있다.
대부분의 사람이 가진 집중력은 그리 길지 못하다. 문장이 길어지면 읽기 싫어진다. 짧은 문장은 자연스럽게 속도감 있는 전개를 만들어 집중을 도와준다.

둘째, 한 문단에는 명확한 하나의 메시지만 전달한다.

읽고 나면 기억에 남는 핵심 메시지가 있어야 한다. 이것저것 다 보여주려고 하다 보면 결국 이도 저도 아니게 된다.

셋째, 전달하는 메시지의 내용이 흥미롭고 구체적이다.

빤하고 지루한 소재로는 집중은커녕 작은 관심조차 이끌어내지 못한다. 애매모호한 내용은 신뢰와 공감을 얻어내지 못한다.

혹시 본인의 인생에는 흥미롭게 쓸 만한 소재가 없다고 고민하고 있는가? 모든 사람들은 인생의 주인공이라고 했다. 그 인생들을 자세히 살펴보면 각기 다른 특별한 경험들로 채워져 있다. 우리들 대부분이 초-중-고-대학교를 거쳐 비슷하고 빤한 인생을 살아온 것같이 느껴질지 모르겠지만, 절대 그렇지 않다.

'백인백색(百人百色)'이라 하지 않는가? 저마다 경험해 온 것이 다르고, 그로 인해 가치관과 생각들이 다르기 마련이다. 나만 가지고 있는 특별한 경험과 생각들은 분명히 존재한다. 다만 떠올리지 못할 뿐이다. 그래서 자기소개서를 작성할 때에는 충분히 고민하는 시간도 필요하다. 소재 발굴을 위해 그간의 경험들 하나하나를 다시 성찰해 보는 시간이 반드시 필요하다.

사실이 아닌 허구를 기반으로 이야기하는 소설에 빗대어 '자소서'를 '자소설'이라고 풍자하기도 한다. 지원자 본인의 실제 모습과 경험이 아니라 거짓과 과장으로 꾸며놓는 자기소개서를 비꼬는 것이다. '자소설'의 씁쓸한 의미를 바꿔보는 것은 어떨까? '마치 소설처럼 쉽고 흥미롭게 읽히는 자기소개서'라는 뜻으로! 소설처럼 술술 읽히는 자기소개서 '자소설'이 되기 위한 세 가지 기본 원칙을 기억하자. 첫째, 간결한 문장! 둘째, 명확한 메시지! 셋째, 흥미롭고 구체적인 내용! 이 원칙들만 지켜도 당신의 자기소개서가 읽는 중간에 버려지는 일은 없을 것이다.

Tip 소설처럼 술술 읽히는 자기소개서

1. 매력적인 제목을 만들자

자기소개서 단락마다 그 내용을 요약하는 제목을 달자!
제목은 읽는 이의 눈길을 끌어당길 수 있는, 가장 간단하면서도 효과적인 장치이다.
우리가 서점에서 책을 고를 때 가장 먼저 살피는 것도 그 책의 제목이 아닌가?
인터넷 뉴스를 볼 때도 그 자극적인 헤드라인 문구에 이끌려 클릭을 하지 않는가!

2. 결론부터 이야기하자

면접관은 수없이 쌓여 있는 자기소개서를 꼼꼼히 다 읽을 만큼 한가하지 않다.
음원차트 상위에 올라온 노래들은 시작부터 중독성 있는 멜로디와 가사가 귀에 꽂힌다.
자기소개서도 시작부터 면접관을 사로잡아 끝까지 읽을 수밖에 없도록 만들어야 한다.
아래의 순서대로 작성해 보자.

① 강력한 결론 ──────▶ 나의 강점은 무엇인지 명확하게 제시
② 흥미로운 에피소드 ──▶ 그 강점이 잘 드러났던 경험과 사례
③ 구체적인 근거 ─────▶ 그 에피소드의 신뢰성을 높이는 정보
④ 리마인드 ───────▶ 나의 강점 재정리와 그 강점이 왜 이 기업에 필요한지 주장

3. 정확한 숫자를 활용하자

자신의 강점을 나타내는 여러 경험과 사례를 작성할 때 숫자를 활용해 보자.
예를 들어 돈을 번 경험이라면 금액을, 오랜 시간을 투자한 일이라면 기간을,
많은 사람을 만난 일이라면 인원수를 정확히 제시하는 것이다.
구체적인 숫자는 신뢰감을 준다. 따라서 수치화 할 수 있는 내용이라면 가급적
정확한 숫자를 기록하자.

4. 맞춤법과 띄어쓰기에 주의하자

글쓰기의 가장 기본이 되는 맞춤법과 띄어쓰기에 오류는 없는지 반드시 점검하자.
기본도 되지 않았다는 인상을 주지 않도록 신경 쓰자.
문법적 오류가 여기저기 보이는 자기소개서는, 마치 자다 일어나 헝클어진 머리로
혹은 입 주변에 음식물이 잔뜩 묻은 상태로 면접장에 가는 것과 같다.

Question 1

이미 작성을 끝낸 자기소개서가 있다면 다시 꺼내봅시다. 눈으로만 훑지 말고 입으로 소리 내어 읽어보세요. 문장이 길어서 호흡이 불편하거나 읽기 어색한 부분은 혹시 없나요?

Question 2

인터넷에 들어가서 제일 먼저 눈에 들어오는 뉴스 3가지를 골라봅시다. 그 뉴스들의 헤드라인 제목은 무엇인가요? 그 제목에 나의 시선을 빼앗긴 이유는 무엇인가요?

Question 3

자기소개서에 적어놓은 에피소드 중에서 숫자로 표현할 수 있는 내용은 없나요? 내용의 구체성을 강화하기 위해서 숫자 외에 다른 방법은 없을까요?

간결하고, 명확하며, 구체적이면
술술 읽힌다.

질문 일곱

자기소개서를 제대로 읽어보기는 할까요?

주요 기업들의 신입사원 공개 채용이 한참인 시기에 창웅이를 만났다. 오랜만에 만난 창웅이는 조금 피곤해 보였다. 식사를 하며 이유를 물어보니, 반복되는 자기소개서 작성 때문이라고 대답했다. 어제도 자기소개서를 급히 작성하느라 밤을 꼬박 새우고 겨우 마감 기한을 맞춰서 접수했다고 한다. 특히 요즘처럼 기업들의 채용이 몰리는 시즌에는 온종일 자기소개서만 작성하다가 하루가 다 지나가는 것 같다고 했다. 창웅이는 답답하다는 듯 시원한 물을 한잔 급히 들이켜고 내게 말했다.

"선배, 이 자기소개서 말이에요. 제가 진짜 열심히 쓰고 있는데, 제대로 읽어보기는 할까요?"

모든 지원자들의 이력서와 자기소개서를 출력한다면 그 분량은 얼마나 될까? 한 중견기업의 채용담당자 송○○ 대리와 만났을 때 내가 물었던 질문이다. 그는 신입사원 모집에 접수된 응시 서류들을 모두 출력하여 차곡차곡 쌓아본다면 아마도 본인의 키를 훌쩍 넘을 것이라고 대답했다. 그렇다면 그 많은 서류들을 채용 담당자가 다 꼼꼼히 읽어볼 수는 있을까? 채용 담당자가 '인공지능 알파고'가 아닌 이상 불가능할 것이다. S기업 입사지원 서류에 L기업 입사지원에 작성했던 문장을 그대로 '복사 & 붙여넣기'를 했는데도 서류가 통과됐다는 놀라운 후기가 종종 올라오는 이유다. 지원자의 규모가 작아서 채용담당자가 충분히 검토할 여력이 된다면 하나하나 읽어볼 것이다. 그러나 대기업이나 공기업처럼 수백수천의 지원자가 몰리는 경우에는, 지원자들의 자소서 내용 하나하나를 꼼꼼히 읽기란 매우 어려운 일이다.

자기소개서가 제대로 읽힐 가능성이 희박하다면 대충 작성해도 괜찮은 것일까? 그렇지 않다. 자기소개서가 꼼꼼히 읽히는 순간이 있다. 바로 면접이 진행되는 순간이다. 자기소개서는 면접장에서 부메랑처럼 돌아오게 된다. 무심코 적어놓았던 한 문장, 한마디가 날카로운 질문으로 바뀌어 지원자를 괴롭힌다. 면접관이 모든 지원자들에게 공통적으로 묻기 위해 정해진 표준화된 질문들도 있다. 1분 자기소개, 지원 동기 등이 이에 해당된다. 그렇지만 면접 시간의 대부분은 이처럼 표준화된 질문이 아닌, 이력서와 자기소개서에 작성된 내용을 중심으로 즉흥적인 질문들이 이어진다. 지원자가 자기소개서에 적어 넣은 내용 하나하나가 면접관에게는 확인해 보고, 검증해야 할 질문거리인 것이다.

예를 들어 자기소개서에 자주 등장하는 문항으로 〈지금까지 인생을 살아오면서 겪었던 일들 중 가장 어려웠던 일을 적으시오〉와 같은 내용이 있다. 지원자들은 각자의 인생에서 겪었던 경험을 적게는 300자, 많게는 1,500자까지 작성한다. 간단하게 또는 구구절절 적혀 있는 내용을 살펴보고 면접관들은 질문을 던진다.

"어려운 경험을 했군요. 구체적으로 무엇이 가장 어렵고 고통스러웠나요?"

"그 어려움의 주요 원인은 무엇이었을까요?"

"그것을 어떻게 극복했나요? 만약 극복하지 못했다면 왜 못했나요?"

"앞으로 비슷한 어려움이 반복되지 않게 하려면 어떤 방법이 있을까요?"

"이 경험을 통해서 새롭게 깨닫거나 학습한 교훈이 있나요?"

위에서 제시한 몇 가지 질문들 외에도 지원자의 답변 내용에 따라 꼬리에 꼬리를 무는 다양한 질문들이 이어지게 된다. 그 질문들은 전혀 예상치 못한 내용이기도 하고, 답변하기 곤란할 정도로 구체적인 내용을 요구하기도 한다. 즉, 면접관은 자기소개서 내용을 기반으로 지원자가 해당 기업에 필요한 사람인지 아닌지 판단하기 위한 질문을 하는 것이다. 〈인생에서 겪었던 가장 어려운 일〉에 대한 문항도 마찬가지다. 지원자가 입사 이후 다양한 업무 상황 속에서 어려움이 발생한다면 어떻게 대처할 사람인지, 그리고 그 방법이 조직과 적합할지 판단하기 위한 문항인 것이다.

자기소개서에서 묻는 모든 문항에는 분명한 목적성이 있다. 그리고 지원자가 작성한 내용들은 그 목적성과 함께 날카로운 질문으로 재탄생되어 돌아온다. 부메랑처럼 돌아온 질문이 당신의 합격을 위한 디딤돌이 될 수도 있고, 앞길을 가로막는 걸림돌이 될 수도 있다. 그렇기 때문에 자기소개서는 신중하게 작성해야 한다. 비록 서류 전형에서는 제대로 읽히지 않을지라도 면접장에서는 질문지가 된다. 면접관이 당신에게 던질 질문은, 어쩌면 자기소개서를 통해서 당신이 미리 만드는 것일지도 모른다.

Question 1

당신을 면접관이라고 가정합시다. 지금까지의 자기소개서를 보았을 때, 가장 관심이 가거나 흥미로운 부분은 어떤 내용인가요? 그리고 그 이유는 무엇인가요?

Question 2

그 내용에서 당신이 보여준 행동은 무엇이었고, 그렇게 행동했던 원인과 그에 따른 결과는 무엇이었나요?

Question 3

그 행동을 통해서 당신이 새롭게 배웠거나 깨달은 교훈이 있다면 무엇인가요? 그리고 비슷한 상황이 다시 주어진다면 어떻게 행동하고 싶고, 그 이유는 무엇인가요?

내가 쓴 자기소개서는
면접장에서 질문이 되어 돌아온다.

질문 여덟

성장 과정에는 무슨 이야기를 적어야 할까요?

오랜만에 만난 사람과 안부를 묻다 보면, 흔히 '별 탈 없이 지냈다'는 이야기를 주고받는다. 별 탈 없이 지냈다는 것은 사실 좋은 일이다. 인생에 큰 어려움이나 역경 없이 평온하게 살고 있다는 게 얼마나 큰 축복인가! 지난 주 식사를 함께 했던 선재도 무난한 보통의 삶을 살아온 것에 감사하는 사람이었다. 본격적으로 취업에 도전하기 전까지는 말이다. 별 탈 없는 삶에 불만이 없던 선재가 고민이 많아진 이유는, 바로 자기소개서에서 묻고 있는 '성장 과정' 때문이었다.

"지금까지 자라오면서 겪었던 특별한 경험이나 에피소드를 떠올리기가 쉽지 않은 것 같아요. 그동안 별 탈 없이 무난하게 살아온 터라 정말 쓸 말이 없어요. 성장 과정에는 무슨 이야기를 적어야 할까요?"

'성장 과정' 문항을 마주한 지원자들은, 마치 온갖 역경을 이겨내는 영화 속 주인공이라도 되어야 할 것 같은 부담감을 느낀다고 한다. 특별한 경험이 많은 사람이라면 큰 고민이 없을 것이다. 그러나 대다수의 지원자들은 어린 시절 초-중-고등학교를 거쳐서 대학교를 졸업하고 취업에 도전하는, 비슷한 모습의 '보통의 삶'을 살아간다. 그러다 보니 성장 과정을 적으려고 고민하면 할수록 막막한 마음만 커질 수밖에 없다. 막막한 성장 과정은 어떻게 풀어나가야 할까?

먼저 자기소개서에서 등장하는 문항들을 살펴보자. 대부분의 문항들은 무엇을 적어야 할지 구체적으로 한정지어준다. 예를 들면 '지원 동기'는 해당 기업 또는 직무를 희망하는 이유가 무엇인지를 묻는 것이다. '강점'은 다른 지원자들과 비교했을 때 본인이 특별하게 뛰어나거나 경쟁력 있는 점이 무엇인지를 묻는 것이다. 지원자가 적어야 할 내용이 무엇인지 명확한 문항이다. 그러나 '성장 과정'은 많이 모호하다. 딱히 구체적으로 요구하는 내용이 무엇인지 떠오르지도 않는다. 성장해 온 과정을 설명하기 위해서 지금까지 살아온 일대기와 사사로운 가정사들을 다 나열할 수도 없는 노릇이니 더더욱 답답하다.

이러한 답답함을 해소하기 위해서 'Concept'와 'Function'이라는 두 가지 키워드를 기억해 두자. 이 두 가지 키워드를 잘 활용한다면 모호한 문항에 무엇을 적어야 할지 방향을 구체화하는 데 도움이 된다. 더 나아가 지원자만의 고유한 브랜딩까지 만들어낼 수 있다. 우선 'Concept'와 'Function'이 각각 어떤 의미를 가지고 있는지 살펴보자. 먼저 'Concept'는 관념적인 것이다. 지원자가 가지고 있는 삶에 대한 철학, 지향하는 가치관, 인생의 우선순위, 좌우명 등을 의미한다. 그리고 'Function'은 기능적인 개념으로써 지원자의 특별한 역량인 지식이나 기술, 자격 등에 대한 사항들을 뜻한다.

어떤 사람을 생각했을 때 곧바로 특정한 이미지나 키워드가 떠오르는 경우가 있다. 그러한 인물들은 개인 브랜딩이 확실한 사람이라고 볼 수 있다. 그들이 가지고 있는 고유한 이미지나 키워드를 정리해 보면 대개 'Concept'와 'Function' 사이 어딘가에 해당된다는 것을 알 수 있다. 예를 들면, '마틴 루터 킹 = 인종차별 극복', '법정 스님 = 무소유의 삶' 등은 Concept의 성격에 가까운 브랜딩이다. 반대로 Function 쪽을 생각해 본다면, '스티브 잡스 = 혁신의 아이콘', '박지성 = 두 개의 심장' 등과 같이 개인이 소유한 특별한 능력이 돋보이는 사례라고 할 수 있다.

이와 같은 멋진 개인 브랜딩은 역사에 위대한 업적을 남긴 위인이나 대중에게 감동을 준 영웅들만이 가질 수 있는 것일까? 그렇지 않다! 브랜딩은 특권층의 전유물이 아니다. Concept와 Function을 효과적으로 활용한다면 누구나 자신만의 특별한 이미지를 형성할 수 있다.

그렇다면 우리는 어떻게 Concept와 Function을 성장 과정에 활용할 수 있을까? 성장 과정을 브랜딩에 잘 활용하는 존재로부터 배워보도록 하자. 그런데 그 존재는 사람이 아니다. 바로 물건이다. 마케팅 분야에서 '고(高)관여 제품'이라고 부르는 비싼 물건 말이다. '고(高)관여 제품'이란, 높은 가격으로 인해 소비자들이 쉽게 구매를 결정할 수 없고, 구매하기 전에 많이 고민하게 되는 사치품 같은 것들을 의미한다. 그런데 취업을 위한 성장 과정 설명 중에 왜 뜬금없는 '고(高)관여 제품' 이야기를 하는 것일까? 이에 대한 대답을 위해 잠시 취업의 본질적인 속성을 생각해 볼 필요가 있다.

취업은 '구인(求人)'하는 기업과 '구직(求職)'하는 지원자들 간에 이루어지는 일종의 상거래 행위이다. 기업들은 우수한 상품(인재)을 찾아서 합당한 비용(급여)을 지불키로 하고, 구매(채용)를 진행한다. 기업은 구매하는 소비자이고, 지원자는 팔려야 하는 상품이다. 마치 사람을 물건 취급하는 듯한 표현이 다소 불편하게 들릴지도 모르겠다. 그러나 기업 입장에서 보면, 사람은 부가가치를 생산하기 위해 투입하는 여러 가지 자원들 중 하나에 속한다. 경영학을 공부해 보면, 종업원들을 '인적 자원(Human Resource)' 또는 '인적 자본(Human Capital)'이라는 용어로 표현하고 있지 않은가!

이와 같이 기업이 지원자를 구매한다는 관점에서 바라본다면

'인적 자원'이라는 상품은 어떤 특징을 가지고 있을까? 일단 연봉이라는 값 비싼 비용을 지불해야 하고, 근로기준법 때문에 한번 구매하면 쉽게 환불할 수도 없다. 마치 비싼 가격 때문에 쉽게 살 수 없고, 한번 사면 꽤 오랫동안 사용하게 되는 '고(高)관여 제품'과 비슷하다. 사람 한 명 뽑는다는 게 참 어렵다는 사장님들의 호소가 어느 정도 이해가 된다.

그런데 비싼 가격을 책정하고 있음에도 불구하고 기꺼이 소비자의 지갑을 열게 만드는 상품들은 늘 존재해 왔다. 비싸면 비쌀수록 더욱 잘 팔린다는 럭셔리 명품들이 대표적인 예이다. 그렇다면 명품의 인기 비결을 살펴보고, 인적 자원으로서 '나'라는 상품을 판매하기 위한 전략을 수립해 보는 것은 어떨까? 성장 스토리를 활용하여 특별한 브랜드 가치를 형성한 사례를 하나 살펴보도록 하자.

산업혁명이 도래하면서 1900년대에는 여행을 즐기는 사람들이 급증했다. 여행을 위해서는 짐을 안전하고 편리하게 운반해야 했기 때문에 여행용 트렁크의 수요도 점차 많아졌다. 안타까운 점은 여행객들의 물품이 담긴 트렁크를 훔쳐가는 도둑들도 함께 증가하였다는 것이다. 트렁크를 만들어서 팔던 한 회사는 여행객들이 보다 안전하게 물품을 보관할 수 있는 방법이 없을지 고민하기 시작하였다.

그들은 고민 끝에 '텀블러(Tumbler)'라는 새로운 잠금장치를 개발했다. 그 누구도 쉽게 열 수 없는 혁신적인 잠금장치였다. 그들은 최고의 품질을 자부했다. 심지어 탈출 마술의 대가로서 당시 최고의 인기를 누리던 마술사 해리 후디니(Harry Houdini)에게 자신들의 잠금장치에 도전해 보라는 신문광고까지 낼 정도였다. 그는 도전을 거절했고, 이로 인해 그들의 품질에 대한 명성은 더더욱 높아졌다. 그 결과 아무나 열 수 없고, 쉽게 소유할 수 없다는 고귀함의 이미지를 갖게 되었다.

이것은 프랑스의 명품 브랜드 '루이비통(Louis Vuitton)'의 성장 과정 이야기이다. 루이비통은 아무나 열 수 없는 혁신적인 잠금장치 '텀블러'를 소재로 '고귀함'이라는 브랜드 이미지를 형성하는 스토리를 만들었다. 그리고 이러한 스토리는 소비자에게 〈루이비통은 고귀하며, 루이비통을 구매하는 당신 역시 고귀한 존재이다〉라는 인식을 심어준다. 즉, 루이비통의 '고귀함'이란 이미지가 소비자의 지갑을 열게 만드는 근본적인 이유가 된 것이다. 이를 Concept와 Function의 기준으로 다시 정리해 보면, '뛰어난 잠금장치 기술력(Function)'을 '아무나 소유할 수 없는 고귀함(Concept)'으로 스토리텔링 한 것이다.

이번에는 지원자 개인 측면에서 적용하기 위한 방법을 살펴보자. 우선 기업에게 피력하고 싶은 나 자신의 긍정적 요소를 떠올려보자.

나의 경우는 '변화'라는 단어로 나 자신을 어필하고 싶었다. 그런데 이는 Concept에 가까운 요소였고, 다소 두루뭉술하게 느껴질 수 있다는 한계가 있었다. 그래서 구체화 작업을 통해 단순히 '변화'가 아니라 '변화를 즐거워하고, 변화를 추구하는 사람'으로 정교화했다. 다음 단계로는 내가 왜 그렇게 표현될 수 있는 사람이고, 실제로도 그러한 사람임을 증명하는 이유와 사례를 들어야 한다. 구체적인 경험이나 에피소드를 중심으로 내용을 전개하는 것이 좋다.

여기서 잠깐! 많은 지원자들이 이 단계에서 특별한 경험이 없어서 쓸 말이 없다는 고민을 호소한다. 그런데 성장은 반드시 영화나 드라마 같은 특별한 사건이 있어야만 이루어지는 것이 아니다. 일반적으로 우리가 언제 성장했다고 느끼는지 생각해 보자. 무엇인가를 배웠을 때, 실패했을 때, 연습할 때, 아팠을 때, 인내할 때, 시간이 흐르면서, 나도 모르게 등등… 사람을 성장시키는 요인은 너무나도 다양하지 않은가!

가령 좋은 책 한 권을 읽고 감동받아서 기존의 생각이 변화했다면 그것은 '사고의 성장'을 경험한 것이다. 누군가와의 관계성이 틀어졌다가 회복되었다면 '대인관계 기술이 성장'한 것이다. 삶의 모든 순간이 성장의 과정이다. 나의 경우에는 변화를 즐거워하고, 추구하는 사람임을 강조하기 위해서 스스로 변화한 경험과 무엇인가를 변화시키려고 노력한 경험을 작성하였다(나의 성장 과정 내용은 글 마지막 부분에 첨부하였다).

Concept와 Function이라는 키워드를 중심으로 작성된 내용은 지원자뿐만 아니라 평가자 입장에서도 매우 유용하다고 볼 수 있다. Concept에 대한 내용을 살펴본다면 지원자가 회사의 조직문화와 일하는 방식에 잘 어울리는 사람일지 아닐지 등을 파악하는 데 도움이 된다. 또한 Function에 대한 내용을 통해서는 지원자가 우리 회사에 어떤 측면에서 기여할 수 있을지를 가늠해 볼 수 있는 장점이 있다.

앞서 언급했듯이 지원자를 취업시장 내에서 팔려야 하는 상품이라고 생각한다면 '이력서'는 '제품사양서'와 같고, '자기소개서'는 지원자의 강점과 특징 등을 매력적으로 소개하는 각종 '홍보 자료'라고 볼 수 있다. 특히 '성장 과정'이라는 문항은 지원 동기, 성격 장단점 등과 같이 이미 주제가 국한되어 있는 다른 문항들과는 달리 열려 있다고 할 수 있다. 따라서 지원자가 소구하고자 하는 어떠한 내용도 담을 수 있는 '열린 문항'인 것이다. 물론 주제가 열려 있다는 것이 막연함으로 느껴질 수도 있다. 그러나 Concept와 Function을 기준으로 접근한다면 구체적인 내용을 작성하기가 한결 수월해진다.

Concept에 집중하여 가치관이나 철학, 삶의 우선순위에 대하여 소개할 수 있다. 또는 Function에 비중을 두어 남들보다 뛰어난 경쟁력, 능력, 기술 등을 강조할 수도 있다. 물론 두 개념을 적절히 혼합하는 전략을 취하는 것도 아주 좋다. Concept와 Function을 활용하여 '나'라는 상품을 가장 매력적으로 표현할 수 있는 성장 스토리를 만들어보자! 잘 작성된 성장 스토리는 당신만의 고유한 가치를 담은 브랜딩까지 이어지게 될 것이다.

성장 과정 예시

부끄럼쟁이 소년, 고교생 마술사가 되다

어린 시절의 저는 부끄럼을 많이 타고, 매우 소극적인 성격이었습니다.
그러나 고등학교 1학년 때 우연히 시작하게 된 취미 '마술(Magic)'로 인해
삶의 태도를 완전히 변화시킬 수 있었습니다.
마술 해법을 스스로 연구해 보며 무언가에 몰입하는 즐거움을 배웠고,
기업 행사나 지역 축제 그리고 마술 강의 등을 진행하며 적극적인 성격으로 변할 수
있었습니다. 지역 언론에서는 '고교생 마술사'로 소개되며 학교의 명물로 통하게
되었습니다. 마술활동을 통해 배운 몰입의 즐거움과 적극적으로 변화된 성격은
인생 최고의 선물입니다.

대학생활 중 최고의 MT를 만들다

2007년 대학 내 동아리 부회장으로 활동하던 중 MT 준비 총괄을
담당하게 되었습니다. 밤이 새도록 술잔만 기울이다가 돌아오는 관행을
변화시키고 싶었습니다. 과도한 음주 없이도 모두가 즐거울 수 있는 MT를
기획하고자 했습니다. 다양한 팀빌딩 레크리에이션은 물론, 증권투자 동아리인 점을
고려하여 한정된 기업 자료를 이용한 즉석 프레젠테이션 대결, 자기 인생 주가
그래프 발표 등의 오락적이면서도 학습적인 요소가 두루 갖추어진 프로그램을
기획하여 진행했습니다.
참가자들로부터 '대학생활 중 최고의 MT였다'는 피드백까지 얻을 수 있었고,
이를 기점으로 본 동아리는 현재까지 새로운 MT 문화를 유지해 오고 있습니다.

성장을 이끄는 코칭 질문 8

Question 1
당신의 개성과 특징을 떠올려보았을 때, 가장 잘 어울리는 물건이 있다면 무엇인가요? 동물 중에는 무엇이 있을까요? 의성어나 의태어, 감정 상태 등으로 표현해 볼 수도 있을까요?

Question 2
당신을 표현하기 위해서 떠올린 물건이나 동물 등이 가지고 있는 공통적인 특징은 무엇인가요? 왜 그것들과 당신이 어울린다고 생각했나요?

Question 3
당신이 가지고 있는 고유의 특징을 기업 현장에서 활용한다면 어떠한 강점이 있을까요? 그 특징을 200% 발휘하기 위해서 필요한 조건들이 있다면 무엇인가요?

'나'라는 상품을 매력적으로 브랜딩하자.

지원 동기에는 무슨 말을 쓰는 게 좋을까요?

설화는 호탕하고 솔직한 성격의 소유자이다. 억지로 감정을 꾸며내거나 포장하지 않는 직설적인 화법을 사용한다. 할 말이 있으면 즉각 이야기하고, 무언가를 마음 한구석에 쌓아놓는 일도 거의 없는 사람이다. 이렇게 쿨(cool)한 설화가 자기소개서 작성으로 고민이 있다며 찾아왔다. 자기소개서의 첫 문항부터 난관이라고 했다. 바로 '지원 동기' 때문이었다. 평소 스타일처럼 솔직하게 작성을 하고 싶은데, 도무지 그럴 수가 없는 상황이라고 했다.

"솔직히 취업을 해야 하니깐 지원을 하는 거지, 뭐 특별한 이유가 있나요. 그래도 뭔가 적긴 적어야 할 텐데 말이에요. 선배님! 지원 동기에는 무슨 말을 쓰는 게 좋을까요?"

많은 사람들이 자기소개서 문항 중 '지원 동기' 작성을 어려워한다. 그런데 '지원 동기'를 '질문'의 형태로 바꿔본다면 조금 더 쉽게 접근할 수 있다. 그 질문은 〈우리 회사에서 왜 이 일을 하고 싶습니까?〉 정도가 될 것이다. 바로 '일의 이유'를 묻는 것이다. 왜 취업을 하고 싶은지 묻는 이 질문에 대한 대답을 떠올려보자. 정말 노골적으로 솔직한 이야기를 하자면 돈을 벌기 위함이다. 다 먹고 살려고 하는 짓 아니겠는가!

그런데 지원 동기에 이 지나치게 솔직한 이야기를 쓸 수는 없다. 왜일까? 너무 천박해 보여서? 그렇지 않다. 돈을 벌기 위한 것은 절대 저질스러운 이유가 아니다. 단지, 모든 지원자가 가지고 있는 당연한 지원 동기이기 때문에 언급할 필요가 없는 것이다.

심리학자 매슬로우(Maslow, 1908~1970)의 '욕구단계설'을 한 번쯤은 들어보았을 것이다. 인간의 욕구는 먹고 자는 것과 같이 기본적 생존을 위해 필요한 욕구부터 자아실현을 위한 욕구까지 단계가 나누어져 있다는 내용이다. '돈을 벌기 위해서'라는 이유는 마치 모든 사람이 가지고 있는 생존 욕구와 같은 지원 동기이다. 너무나도 당연한 이유이기 때문에 흥미를 끌 수 없다.

면접관의 눈길을 끌어당기는 지원 동기를 작성하기 위해서는 '일의 의미'가 필요하다. 기본적인 생존 욕구를 넘어서서 자아를 실현하는 단계까지 이를 수 있는 '일의 의미'를 찾도록 하자! 그렇다면 '일의 의미'란 구체적으로 어떤 것일까?

조직심리학자 브루스 레슬리 캐쳐(Bruce L. Katcher) 박사가 칼럼에서 소개한 이삿짐센터 작업자 이야기를 살펴보자.

　세 명의 작업자가 이삿짐으로 가득 찬 박스를 열심히 나르고 있었다. 마침 그곳을 지나가던 한 사람이 땀을 흘리며 일하고 있는 그들에게 똑같은 질문을 물어보았다.
　"당신은 지금 무엇을 하고 있습니까?"
　세 작업자의 대답은 각각 달랐다.
　첫 번째 작업자는 피곤하다는 표정을 지으며 대답했다.
　"박스를 나르고 있습니다. 박스를 나른 수만큼 돈을 받거든요."
　두 번째 작업자는 진지한 표정으로 대답했다.
　"이 박스들을 트럭에서 저기 있는 집까지 안전하게 운반하고 있습니다."
　세 번째 작업자는 즐거운 표정으로 대답했다.
　"한 신혼부부의 새 출발을 도와주는 아주 중요한 일을 하고 있습니다. 그들은 이 동네에서 결혼생활을 처음 시작한다는군요. 제가 운반하는 물건 하나하나가 그들에게 소중한 추억이 될 겁니다."
　자, 세 명의 작업자 중 '일의 의미'를 가지고 있는 사람은 누구겠는가?

　첫 번째 작업자에게 일은 그저 단순한 노동이었다. 그저 생계를 유지하기 위한 돈벌이 수단 외에는 아무런 의미가 없다. 두 번째 작업자는 일을 수행함에 있어서 '안전한 운반'이라는 분명한 목적이 존재했다. 아무 생각 없이 일하는 것보다는 훨씬 나은 상황이다. 그러나 그다지 특별하지는 못하다.

반면 세 번째 작업자는 자신의 일에 특별한 의미를 부여하고 있었다. 그에게 이삿짐을 나르는 일은 단순한 운반 작업 그 이상이었다. 낯선 장소에서 새로운 인생을 시작하는 사람들을 돕는 매우 가치 있는 일이라고 생각하였다. 안젤라 더크워스(Angela Lee Duckworth)의 책 『그릿(Grit)』에서는 이러한 사람들을 '천직을 가진 사람'이라고 설명한다. 자신의 일에 대해 '소명의식을 가진 사람'이라고도 표현할 수 있겠다.

'일의 의미'를 발견하게 되면, 일은 단순한 돈벌이 수단을 넘어서서 더 나은 가치를 만들어내기 위한 하나의 과정이 된다. 만약 보험 판매원이 자신의 일에서 의미를 발견할 수 있다면, 그는 단순히 보험 상품을 판매하는 사람이 아니다. 그는 가족을 사랑하는 한 가장의 무거운 책임감을 함께 나누는 사람이 될 수 있다. 또한 가전제품 판매원이 의미를 부여한다면, 사람들의 일상생활을 조금 더 편리하고 안락하게 만들어주기 위한 물리적 솔루션을 제공하는 전문가가 될 수도 있다.

기업교육에 종사하고 있는 나에게도 특별한 '일의 의미'가 존재한다. 난 나의 일을 〈많은 재직자들이 자신의 역량 개발을 통해서 더 나은 성과를 창출하고, 성취감뿐만 아니라 더욱 성장하고픈 욕구를 느끼도록 하여, 개인과 조직의 상생을 이끌어내는 역할〉이라고 생각한다. 나의 자기소개서 지원 동기 문항에 언제나 등장하는 내용이다.

자신이 지원하려는 기업 및 직무와 관련된 다양한 의미를 찾아보자! 그 일을 수행하면서 느낄 수 있는 보람들을 떠올려보자. 그 일을 통해서 세상에 기여할 수 있는 일들을 그려보자. 그 일에 내가 완전히 반했던 매력들을 기억해 보자.

여기 두 명의 사람이 있다. 한명은 그저 돈을 벌기 위해서 주어지는 일만 수행하는 사람이고, 다른 한명은 특별한 의미가 담긴 소명을 가지고 일하는 사람이다. 만약 당신이 면접관이라면 누구에게 더 높은 점수를 주겠는가?

많은 조직심리학자들의 연구에 따르면, 의미를 가지고 일하는 사람이 실제로 업무 현장에서 뛰어난 성과를 창출하고, 일에 대한 만족도 역시 높게 나타난다고 한다. 지원 동기에 나만의 특별한 의미를 담아보자! 의미를 가지고 일한다는 고성과자(High-Performer)들의 특징이 당신에게도 있음을 보여주도록 하자!

성장을 이끄는 코칭 질문 9

Question 1
지금까지 살아오면서 가장 큰 보람을 느꼈던 순간은 언제였나요? 보람을 느꼈던
이유는 무엇인가요?

Question 2
부모님이나 가까운 주변 선배가 하고 있는 일을 떠올려봅시다. 그분들이 하고 있는
일은 세상에 어떤 편익과 가치를 제공하고 있다고 생각하나요?

Question 3
만약 당신이 지원하는 회사나 해당 직무가 아예 없어져버린다면, 사람들이 느끼게
될 불편함과 어려움은 무엇일까요?

면접관의 눈길을 끌어당기는
'일의 의미'를 찾아보자.

질문 열

입사 후 포부는 어떤 내용을 적어야 하나요?

승연이는 자기소개서를 검토해 달라며 열심히 작성해 놓은 초안을 가져왔다. 첨삭을 받기 위해서 자신의 자기소개서를 누군가에게 보여준다는 것은 큰 용기가 필요한 일이다. 그런 용기와 열정에 부응하고자 나는 꼼꼼히 읽어보고, 열심히 교정을 해주었다.

승연이의 자기소개서는 대체로 문항에서 묻는 내용과 적절한 본인의 경험들을 잘 풀어서 작성한 터라 크게 손 볼 곳은 없었다. 그런데 마지막 문항이 텅 비어 있었다. 바로 '입사 후 포부'였다. 비어 있는 공간을 발견하고, 의아한 표정을 짓자 승연이가 입을 떼었다.

"다른 문항들은 제가 겪었던 경험들을 생각하면서 비교적 쉽게 작성했는데요. 입사 후 포부에서 막혀버렸어요. 뭔가 막막하다고 해야 할까요? 처음에는 가장 쓰기 쉬울 것 같았는데, 막상 작성 하려고 보니 막연하게 느껴져요. 그냥 뜬구름 잡는 이야기를

하게 되는 것 같고, 어려워요. 입사 후 포부는 어떤 내용을 적어야
할까요?"

'창작'이나 '발명'은 이제껏 한 번도 경험해 보지 못한 새로운
무엇인가를 떠올려서 만들어내는 일을 의미한다. 이는 '무(無)'에서
'유(有)'를 창조하는 과정이며, 특별하게 뛰어난 창의력을 가지고
있지 않은 이상 쉽게 해낼 수 없는 일이다. 반대로 어딘가에 쌓여
있는 경험으로부터 무엇인가를 끄집어내어 재구성하는 일은
상대적으로 쉬운 편에 속할 것이다.

자기소개서에서 묻고 있는 대부분의 문항들도 그러하다. 예를
들면 성장 과정, 학교생활, 대외활동 등과 같은 문항들은 일반적으로
지원자의 과거 경험에 대해서 물어보고 있다. 지원자는 본인의
경험을 다시 생각해 보고, 재해석하여 내용을 작성하면 된다. 그런데
유일하게 '과거'가 아닌 '미래'를 향해 질문하는 문항이 있다. 바로
'입사 후 포부'이다. 지원자가 아직 경험해 보지 못한 직장생활에
대한 이야기를 적어야 한다. 관련 경험이 전무인 상태에서 내용을
작성해야 한다는 점을 고려한다면, '입사 후 포부'가 자기소개서의
항목 중 가장 작성하기 어려운 문항이 아닐까 하는 생각도 든다.

창작에 가까워 보이는 '입사 후 포부'는 어떻게 풀어나가야 할까?
우선 다른 자기소개서 문항들과의 근본적인 차이점부터 살펴보도록

하자. 앞서 설명한 것처럼 자기소개서에서 묻고 있는 대부분의 문항들은 과거 지향적이다. 과거 경험을 묻는 질문들은 지원자가 보였던 행동과 그 결과를 구체적으로 파고 들어가려는 데에 목적이 있다. 지원자가 입사한 이후에 직면하게 될 다양한 상황들을 어떻게 대처할 사람인지, 과거의 행적을 통해 예측해 보려는 것이다. 예를 들면, '인생 중 고난은 무엇이었고, 이를 어떻게 극복했는지 작성하라'는 문항이 있다. 또는 '자신의 강점과 약점이 잘 드러난 경험을 서술하라'와 같은 유형의 문항들도 해당된다.

게다가 과거를 묻는 문항들은 자기소개서만으로 끝나지 않고 실제 면접장에서도 질문으로 이어진다. 면접관은 지원자가 자기소개서에 작성한 내용을 토대로 무슨 행동을 했는지, 왜 그렇게 했는지, 결과는 어떠했는지, 무엇을 배우고 느꼈는지 등을 집요하게 물어본다. 마치 지원자의 과거를 추적해서 조직에 적합한지 여부를 날카롭게 검증하려는 듯하다. 자기소개서의 내용들이 부메랑처럼 질문으로 돌아오기 때문에 신중한 작성이 필요하다.

그런데 '입사 후 포부'는 지원자의 미래를 물어본다. 미래 시점인 입사 후의 일은 지원자든 면접관이든 경험해 본 적이 없다. 따라서 SF영화에나 나올 법한 허무맹랑한 이야기만 아니라면 무슨 내용이든 열려 있다고 볼 수 있다. 본인의 실력을 인정받아 향후 회사의 최고경영자가 되어보겠다는 당찬 포부를 밝혀도 전혀 문제될 게 없는 것이다. 과거의 경험이라는 정해진 '틀'에서 벗어나 자유로운 미래를 그려볼 수 있다.

'입사 후 포부'가 면접장에서 날카로운 질문이 되어 지원자의 발목을 잡을 가능성도 비교적 적다. 면접관들의 질문 대부분은 지원자의 과거 경험에 대해서 묻는 쪽으로 크게 치우쳐 있기 때문이다. 따라서 '입사 후 포부'는 큰 부담을 가질 필요 없이 자유롭게 자신의 미래에 대한 내용을 기술하면 된다. 그런데 막상 부담을 내려놓고 자유롭게 작성하다 보면 마치 뜬구름 잡는 이야기를 하는 것처럼 느껴지기도 한다. 막연하게만 보이는 '입사 후 포부'는 어떻게 작성하는 것이 효과적일까?

막막한 '입사 후 포부'를 보다 손에 잡히도록 작성하기 위한 몇 가지 방법을 살펴보자.

첫째, 단계적으로 접근하자.

예를 들면 '입사 5년 후', 10년 후' 등과 같이 특정한 시간을 기준으로 구분하여 내용을 작성해 보는 것이다. 해당 시간이 흐른 시점에 자신이 어떤 모습으로 성장해 있을지를 구체적으로 묘사해 보자. 전국 매출 1위 영업 담당자, 신흥 국가에 진출한 1호 주재원, 5년 연속 히트 상품을 기획한 마케터 등 어떠한 모습이든지 좋다. 〈구성원 - 중간관리자 - 상급자 - 경영진〉과 같은 직급 단계로 구분해 볼 수도 있겠다. 뚜렷한 목표와 함께 체계적인 경력 개발 계획을 가지고 있는 사람이라는 인상을 전달할 수 있을 것이다.

둘째, 다양한 각도로 접근하자.

'외부'와 '내부'의 시각으로 구분하여 작성하는 경우를 예로 살펴보자. '외부'는 시장의 고객, '내부'는 조직 내 구성원들로 가정하고, 이들에게 어떤 모습으로 비춰지고 싶은지를 서술해 보는 것이다. 또한 '내부 관점'에 집중하여 보다 깊게 파고든다면 상급자, 하급자, 그리고 동료 등의 시선에서 내가 어떻게 비춰지기를 바라는지를 서술함으로써 포부를 밝힐 수도 있겠다.

셋째, 조직 차원으로 접근하자.

조직 구성원들에게 궁극적으로 기대되는 역할은 조직 성장에 기여하는 것이다. 앞서 설명한 단계적으로 접근하든, 다양한 각도로 접근하든, '입사 후 포부'의 핵심 내용은 조직 발전에 대한 기여로 귀결되어야 할 것이다. 가령 개인의 역량 발전에 초점을 맞춰서 '입사 후 포부' 내용을 서술해 나갔다면, 결론적으로 그 역량을 통해 어떻게 조직에 기여할 수 있는지 작성해야 하겠다.

여기 두 명의 사람이 있다고 가정해 보자. 한 명은 인생의 구체적인 목표를 세우고, 그 목표를 달성하기 위한 계획까지 단계적으로 세워서 실천해 간다. 다른 한 명은 목표 따위는 없다. 그저 오늘만 사는 것처럼 즉흥적으로 살아간다. 어떤 사람이 더 좋고 나쁜지를 따지자는 것은 아니다. 다만 당신이 기업의 고용주라면 누구와 함께 일하고 싶겠는가?

'입사 후 포부'는 직장생활 중의 미래 목표와 그 목표를 달성하기 위한 계획들을 이야기해 보는 데 그 의미가 있다. 아직 일어나지도 않은 미래를 어떻게 알겠냐며, 혹은 허황된 소리를 적었다고 면접관으로부터 핀잔이나 듣지 않겠냐며 막연한 두려움을 호소하는 사람도 있다. 그런데 신입사원에게만 특별히 기대할 수 있는 모습이 바로 '과감한 도전정신'과 '패기' 아니겠는가! 그러니 부끄러움과 걱정 따위는 생각지 말고 당당하게 나만의 '입사 후 포부'를 작성해 보자.

Question 1

지금으로부터 1년 후, 5년 후 그리고 10년 후에는 어떤 모습으로 살아가고 있기를 바라나요? 어떤 곳에서, 무슨 일을 하고 있고, 무엇을 이루었는지 구체적으로 떠올려봅시다.

Question 2

구체적으로 떠올린 미래의 모습과 현재의 나 사이에 간격은 얼마나 큰가요? 이것들을 채워 가기 위해서 단계적으로 필요한 노력은 무엇인가요?

Question 3

단계적으로 필요한 노력들을 실제 실행으로 옮길 때, 걸림돌이 될 것으로 예상되는 장애 요소는 무엇인가요? 이를 극복하기 위해서는 추가적으로 어떤 노력이 필요할까요?

과거라는 '틀'에서 벗어나
자유로운 미래를 그려보자.

?

3장

면접 실전에 대한 질문들

- 면접장에서는 어떻게 대답해야 하나요
- 면접울렁증은 어떻게 극복할 수 있나요
- 제가 가진 강점은 무엇일까요
- 곤란한 질문은 어떻게 대답해야 할까요
- 면접관에게 질문을 해도 되나요

질문 열하나

면접장에서는 어떻게 대답해야 하나요?

편안한 사람들과의 대화는 막힘이 없지만, 처음 만나거나 아직 어색한 사람과의 대화에 어려움을 느끼는 사람이 있다. 서진이가 바로 그러했다. 소개팅을 나가도 한 시간 이상 대화를 나누는 게 쉽지 않다고 했다. 상대방이 물어본 질문에 '예', '아니요' 말고는 딱히 말을 이어가기가 어렵다는 것이다. 그 사람이 마음에 들고 안 들고를 떠나서, 낯선 사람과의 대화가 어색한 것이었다. 그런 서진이가 다음 주 중요한 면접을 앞두고 있다며 고민을 털어놓았다.

"다음 주 면접이 있는데 걱정이에요. 아시다시피 제가 초면에는 말수가 없잖아요. 지난 번 다른 곳 면접에서는 그래도 나름 열심히 대답한다고 했는데, 제 이야기가 너무 단답형이었나 봐요. 면접관이 더 이야기해도 된다면서 계속 질문을 하시더라고요. 면접장에서는 어떻게 대답을 해야 할까요?"

면접장에서 주어지는 다양한 질문은 어떤 방식으로 답변해야 할까? 〈S.M.A.R.T 기법〉을 활용하여 스마트하게 답변하자. 〈S.M.A.R.T 기법〉은 'Specific(구체적으로) – Measurable(측정 가능하게) – Action Oriented(행동 지향적) – Result Focused(결과 중심적) – Time Bounded(시간 제약적)'의 앞 글자를 줄인 것이다. 본래 목표나 계획을 수립할 때 활용하는 도구로써 흔히 알려져 있으며, 상황에 따라 몇몇 단어를 다른 단어로 바꿔서 사용하기도 한다. 이 기법은 꽤나 범용적인 속성을 가지고 있어서, 목표 수립 외에 다른 용도로 활용해도 유용하다.

채용 전문가인 루 아들러(Lou Adler)도 저서 『100% 성공하는 채용과 면접의 기술』에서 지원자의 성취 경험을 파악하기 위한 전략적인 질문 기법으로 〈S.M.A.R.T.e〉라는 도구를 소개하고 있다. 이 도구의 내용도 일반적인 목표 수립 기법으로 알려진 〈S.M.A.R.T〉와 크게 다를 바 없다. 그렇다면 어떻게 〈S.M.A.R.T 기법〉을 활용하여 대답하면 될까? 그리고 그 장점은 무엇일까?

Specific

구체적으로 이야기하자. 구체적인 답변은 면접관에게 베푸는 친절이며, 지원자 본인에 대한 적극적인 홍보이다. 전달하려는 내용의 배경과 환경, 전후 상황부터 상세하게 이야기하자. 구체적으로 답변하면 내용이 풍성해진다. 면접관 또한 지원자의 답변 내용을 이해하기가 보다 편안해지고, 지원자를 파고들기 위한 질문의 수도 줄어든다.

Measurable

측정이 가능한 것들은 정확한 숫자를 제시하도록 하자. 숫자는 신뢰도를 높여주는 놀라운 힘이 있다. 면접관은 지원자가 말하는 내용에 보다 집중하게 될 것이고, 지원자가 정확하고 세밀한 사람이라는 인상까지 갖게 될 것이다. 실제 회사생활에서는 모든 것을 정확한 숫자로 설명하고 설득해야 하는 일이 많다.

Action Oriented

실질적인 경험 속 행동을 중심으로 이야기하자. 면접관은 지원자가 조직 내에서 실제 어떤 모습으로 행동할 사람인지(일을 할 사람인지) 궁금하다. 자신의 특성을 잘 표현할 수 있는 다양한 에피소드를 준비하자. 특정한 상황에서 어떠한 행동을 보였는지, 그 행동을 보였던 이유는 무엇이었는지를 논리정연하게 설명하자.

Result Focused

경험을 통해 얻은 결과를 소개하자. 기업은 성과 창출에 목숨을 거는 조직이다. 면접관들은 지원자가 어떤 성취를 해왔는지 면밀히 살피고, 앞으로 기업에 들어와 어떠한 성과를 도출해 갈지 판단한다.

이를 성과 지향적 면접이라 한다. 각자의 경험 속에서 본인의 행동과 노력으로 얻은 결과물들을 제시하자. 눈에 띄는 가시적인 결과물도 좋고, 본인 내면의 변화도 좋다. 나름의 의미가 담겨 있는 결과물을 반드시 이야기하자.

Time Bounded

언제 있었던 일인지 정확한 시기를 언급하자. 앞서 말한 '숫자는 신뢰도를 높여준다'는 내용과 유사하다. 구체적으로 나열한 당신의 이야기가 신뢰를 받지 못한다면 단지 허황된 소설처럼 보이게 된다. 언제부터 언제까지 겪었던 경험들인지 명확하게 언급하여 신뢰를 얻도록 하자.

〈S.M.A.R.T 기법〉은 면접 질문에 대답하는 것 말고도 자기소개서를 작성할 때 활용해도 큰 도움이 된다. 어떤 문장, 어떤 내용으로 자기소개서 항목을 채워가야 할지 막막한 경우에 〈S.M.A.R.T 기법〉을 떠올려보자. 또한 이미 어느 정도 작성한 자기소개서가 있다면, 그 내용들이 〈S.M.A.R.T 기법〉에 부합하는지 검토해 보자. 구체적인 전후 상황에 대하여 상세히 설명하고 있는지, 행동을 통해 얻은 결과물은 언급했는지, 정확한 숫자와 시간으로 신뢰를 제공하고 있는지 등을 체크하여, 보다 완성도 높은 자기소개서로 업그레이드 시키자.

Question 1

지난 한 주 동안 당신이 했던 일들 중 가장 인상적이었던 기억 하나를 떠올려봅시다. 언제, 어디에서, 누구와, 무엇을, 어떻게 했나요? 왜 그렇게 했고, 그 결과는 어땠나요?

Question 2

작성을 끝낸 자기소개서를 꺼내어 다시 읽어봅시다. 구체적으로 상황을 설명하고 있나요? 그 상황에서 당신이 어떤 행동을 했는지 명확하게 이야기하고 있나요?

Question 3

말 재주가 좋은 사람들을 세 명 정도 떠올려봅시다. 그들이 가지고 있는 공통적인 특징은 무엇인가요? 그들에게 배울 만한 점이 있다면 무엇인가요?

스마트 기법으로 '스마트'하게 답변하라.

Specific

Measurable

Action oriented

Result focused

Time bounded

면접 울렁증은 어떻게 극복할 수 있나요?

평소 긴장을 잘하는 편인 종찬이는 대중 앞에서 말하는 것에 대한 부담을 많이 느꼈다. 사석에서 사람들을 만나 대화 나누는 것에는 전혀 불편함이 없는데, 사람들의 이목이 자신에게 조금이라도 집중되면 얼굴도 빨개지고 가슴이 두근거린다고 했다. 게다가 긴장감이 심해지면 하고 싶었던 말도 생각이 나지 않아서 대충 얼버무리게 된다고 했다. 종찬이는 울렁증 때문에 취업도 쉽지 않을 것 같아 두렵다며 속마음을 털어놓았다.

"선배! 면접 때마다 심장이 터질 것 같은 이 울렁증이 나오면 어떡하죠? 울렁증을 극복할 수 있는 방법이 어디 없을까요? 정말 걱정이에요."

괴로운 면접 울렁증을 어떻게 해결할 수 있을까?

"Practice makes perfect."

미국의 1대 부통령이자 2대 대통령이었던 존 애덤스(John Adams, 1735~1826)의 일기장에 적혀 있던 문장이다. 연습이 완벽함을 만든다는 뜻이다. 연습 없이는 완벽한 결과를 얻을 수 없다. 연습으로 우리는 두 가지를 얻을 수 있다.

첫째는 '실력'이다. 연습이 거듭될수록 점차 그것에 필요한 지식, 기술, 노하우 등이 쌓이고 발전한다. 그리고 개선된 실력은 자신감이 된다. 둘째는 바로 '익숙함'이다. 반복되는 연습이 우리의 몸과 마음을 학습시키고 숙련되게 한다. 연습을 통해서 느꼈던 분위기와 긴장감, 떨림 등을 몸과 마음이 기억함으로써 실전에서도 편안함을 유지할 수 있다. 연습을 통해 얻은 '실력과 익숙함'은 결과적으로 실전에서 '자신감과 평정심'이 된다.

고3이 되면 수능시험을 앞두고 학교와 학원에서는 '모의고사'를 치른다. 모의고사가 있는 날에는 책상의 배치도 실제 시험장처럼 바꾸고, 선생님들도 감독관 역할을 수행한다. 마치 수능 당일과 같은 분위기와 긴장감이 조성된다. 모의고사 성적으로 어느 대학에 갈 수 있을지, 그리고 더 공부해야 할 과목은 무엇인지 판단해 볼 수 있다.

축구 국가대표팀은 월드컵이라는 꿈의 무대에 올라가기 전 수많은 평가전을 치른다. 평가전을 통해서 다양한 전략과 전술을 시험해 보고, 우리 팀이 가지고 있는 강점과 약점을 파악한다. 콘서트나 뮤지컬 등의 공연이 있기 전에는 반드시 리허설이 있다. 리허설을 통해서 무대의 조명과 음향, 공연자의 컨디션 등을 사전에 점검하게 된다. 수험생의 모의고사, 국가대표팀의 평가전, 공연자의 리허설이 모두 완벽한 실전을 위한 연습에 해당된다.

그렇다면 완벽한 실전을 위해서는 어떻게 연습해야 할까?

두 가지 종류의 연습이 필요하다. 첫째는 실제적인 연습이고, 둘째는 상상하는 연습이다.

실제적인 연습은 취업스터디를 통한 모의 면접이나 모의 토론, 학교수업에서의 과제 발표 등이다. 사람들 앞에서 연습할 수 있는 기회를 최대한 많이 만들어보자. 의도적으로 긴장감에 자주 노출되도록 하자. 그리고 다소 귀찮더라도 꼭 본인의 모습을 영상으로 촬영하여 모니터링 해야 한다. 객관적인 시각으로 나의 모습을 평가해 볼 수 있기 때문이다. 스스로 몰랐던 나의 강점이나 보완해야 할 점 등 다양한 모습을 발견할 수 있다.

상상하는 연습은 소위 '이미지 트레이닝'이라고 불리는 것을 말한다. 단순히 잘될 거라는 막연하고 긍정적인 상상을 하라는 것이 아니다. 굉장히 구체적인 상상을 해야 한다. 면접장에서 일어날 수 있는 온갖 것을 세밀하게 그려보아야 한다. 면접이 진행되는 장소는 어떤 구조일지, 면접관은 몇 명일지, 분위기는 어떠할지, 어떤 질문이 주어질지 그리고 어떻게 대답할지, 그 대답에 면접관은 어떤 날카로운 질문을 다시 던질지 등을 떠올려보자. 디테일하게 상상할수록 다양한 면접의 시나리오를 예상할 수 있게 된다.

그리고 자연스럽게 각각의 상황에 어떻게 대처하는 게 좋을지 미리 정리하게 된다. 올림픽과 같은 세계대회에 출전한 스포츠 선수들이 극심한 긴장감 속에서도 전혀 떨지 않고 경기에 임하는 것은 바로 상상하는 연습의 결과이다. 높은 집중력이 필요한 양궁이나 사격 선수들이 이러한 심리적 훈련을 하고 있음은 이미 잘 알려져 있으며, 그 효과성도 이미 뇌 과학으로 증명되었다.

면접 울렁증을 단번에 없애버리는 '마법(Magic)'은 존재하지 않는다. 그러나 이를 극복할 수 있는 '해법(Solution)'은 분명히 있다. 그 해법은 바로 연습이다. 그런데 연습이 쉽지는 않다. 지루하고 피곤하다. 한 번 하고 끝나는 단발성 행위가 아니기 때문이다. 무언가를 되풀이하여 익혀야 하는 연습은 인내가 필요한 일이다. "No Pain, No Gain"이라고 하지 않는가! 고통 없이는 아무것도 얻을 수 없다. 대신 힘든 과정 뒤에는 반드시 보상이 따른다. 연습은 '실력'과 '익숙함'이라는 보상을 가져온다. 그리고 그 보상은 면접 울렁증을 이겨내고, 당신의 매력을 충분히 보여줄 수 있는 '자신감'과 '평정심'이 될 것이다.

Question 1

처음에는 익숙하지 않고 몹시 불편했는데 어느 새 편안하고, 현재는 아무렇지도 않게 된 것이 있나요? 어색함이 없어지고 익숙하게 되기까지 어떤 과정이 있었나요?

Question 2

아무런 긴장도 부담도 없이, 편안하게 대화를 나눌 수 있는 사람이 있나요? 그 사람과의 대화가 편안한 이유는 무엇인가요? 면접에서도 그 이유를 적용할 방법은 없을까요?

Question 3

면접 장면을 최대한 구체적으로 상상해 볼까요? 어떤 옷을 입고 있나요? 몇 명의 면접관이 앉아 있나요? 표정은 어떤가요? 면접장 분위기는 어떤가요? 어떤 질문이 오고 가나요?

완벽한 연습이 완벽한 실전을 만든다!

질문 열셋

제가 가진 강점은 무엇일까요?

자신이 어떤 부분에서 남들보다 뛰어난 강점을 가지고 있는지 명쾌하게 설명할 수 있는 사람이 얼마나 있을까? 여러 사람들에게 본인의 강점을 소개해 보라고 하면, 자신 없는 목소리로 머뭇거리거나 잘 모르겠다고 대답하는 경우가 많다. 심지어는 무엇을 잘하는지에 앞서, 무엇을 좋아하는지 관심 분야조차 정확하게 모른다고 고백하는 사람이 의외로 많다. 며칠 전 고민 끝에 졸업을 유예하기로 결정한 종우도 마찬가지였다.

"생각을 해보니 대학교 전공을 선택할 때는 그냥 수능 점수에 맞췄던 거고, 동아리도 그냥 친구들을 따라서 가입했었어요. 정말로 나 자신이 하고 싶고, 좋아서 선택하고 결정한 게 별로 없더라고요. 내가 정말 좋아하는 것은 무엇인지, 잘할 수 있는 것은 무엇인지 고민하는 시간이 필요하다고 생각했어요. 제가 가진 강점은 무엇일까요?"

본인의 강점을 잘 모르고 있는 것은 취업을 준비하는 지원자들에게 특히 치명적이다. 강점은 자기소개서뿐만 아니라 실제 면접장에서도 반드시 물어보는 핵심 질문이기 때문이다. 스스로가 무엇을 잘하는지 제대로 알지 못한다면 자신이 채용되어야 하는 이유를 분명하게 밝힐 수 없게 된다. 기업의 입장에서 보았을 때, 특별한 강점을 제시하지 못한 지원자는 그다지 매력적이지 않으며, 당연히 합격에서 멀어지게 될 것이다.

더욱 심각한 문제는, 자신의 강점을 모르면 본인이 어떤 산업과 직무에 잘 어울리는지 가늠조차 해볼 수 없다는 것이다. 결국 어디든 하나만 얻어 걸리길 바라는 '묻지마 지원'을 야기하게 된다. 이러한 경우, 어쩌다가 운이 좋게 취업에는 성공하더라도, 실질적인 직장생활에서는 적응에 실패할 위험성이 매우 크다. 즉, 자신의 강점을 정확하게 인지하고 있을수록 취업은 물론이고, 이후의 직장생활까지 성공적으로 이어갈 가능성이 커진다고 볼 수 있다.

사실 자신의 강점을 잘 모르거나 명쾌하게 답하지 못하는 이유는 우리들의 성장 과정 탓이 크다고 볼 수 있다. 무슨 말인지 이해하기 위해서 잠시 어린 시절로 돌아가 보자. 학교에서 중간고사나 기말고사가 끝나고 성적표를 받았을 때를 생각해 보자. 가령 당신이 〈 국어 : 수 / 영어 : 우 / 수학 : 가 / 사회 : 수 / 과학 : 미 〉라는 성적표를 받아 들고 집에 돌아왔다고 치자. 당신의 성적표를 받아보신 부모님은 과연 어떤 반응을 보일까? 아마도 수학에서 받은 가장 낮은 성적 '가'를 만회시키기 위해서 수학을 잘 가르친다는 학원이나 과외선생님을 알아보고 있지 않을까?

이것은 유별나게 교육열이 뜨거운 우리나라만의 이야기가 아니다. 세계적인 여론조사기관인 갤럽(Gallup)의 연구에 따르면, 위와 같은 성적을 받았다고 가정할 경우, 77%의 부모가 가장 낮은 성적의 과목에 가장 먼저 눈이 간다고 대답했다. 많은 사람들이 강점이 아닌 약점에 집중하는 삶을 살아가고 있는 것이다. 우리들은 이미 가지고 있는 강점을 '강화'하기보다는 부족한 약점을 '보완'하기 위한 노력에 익숙해져 있다. 다시 말해서, 약점에 매몰되어 스스로의 강점에 대해서는 충분히 고민해 볼 기회 자체가 없었던 것이다.

그렇다면 나의 강점을 발견하기 위한 방법은 무엇이 있을까?

다소 맥이 빠지는 허무한 대답으로 느껴질지 모르겠지만, 자신이 가지고 있는 강점을 찾기 위해서는 스스로에게 질문을 던지고, 진지하게 답변을 고민해 보는 과정이 반드시 필요하다. 나보다 나 자신을 더 잘 아는 사람은 존재하지 않기 때문이다. 단, 이때 스스로에게 던지는 질문은 '나의 강점은 무엇인가?'와 같은 원초적인 날것이 아니다. 강점의 실마리를 찾을 수 있는 우회적인 질문이 필요하다. 다음과 같은 세 가지 질문을 통해서 우리는 각자가 가진 강점의 힌트를 찾아갈 수 있다.

첫 번째 질문은 "나는 무엇을 즐거워하고, 좋아하는가?"이다. 자신이 잘하는 일은 대부분 재미있고 유쾌한 감정을 불러일으킨다. 할 때마다 결과가 좋고, 타인으로부터 인정을 받아서 즐겁기 때문이다. 반대로 생각해 볼 수도 있다. 애초에 잘하고 못하고를 떠나서 그냥 재미있다고 느껴서 반복적으로 즐기다 보니 자연스럽게 숙련되어 가는 것일 수도 있겠다. 평소 재미와 즐거움을 느끼는 곳에서 강점을 발견할 확률이 높다.

두 번째 질문은 "나는 무엇이 쉽고, 빠른가?"이다. 재능이 있는 분야는 특별한 노력과 오랜 시간을 들이지 않더라도 금방 배우거나 쉽다고 느껴진다. 어떤 일을 할 때 남들보다 속도가 빠르거나, 진도를 훨씬 앞서가고 있던 경험이 있었는지 살펴보자. 새롭게 해보는 일인데도 스펀지가 물을 흡수하듯 이해가 쉽고 습득이 빠르다면, 그것은 강점과 관련되었을 가능성이 매우 높기 때문이다.

세 번째 질문은 "나는 무엇에 집중하고, 노력하는가?"이다. 어떤 부분에서 탁월해지기 위해서는 집중적인 노력이 필요하다. 타고난 재능에 성공의 날개를 달아줄 지식과 기술을 익혀야 하기 때문이다. 제 아무리 뛰어난 재능이 있더라도 이를 개발하기 위한 노력이 병행되지 않으면 천천히 썩히는 꼴이다. 재능이 있다고 해서 그것이 강점이 될 수는 없다. 더욱 잘하고 싶고, 개발시키고 싶은 분야가 있는지 살펴보자. 어떤 것에 꾸준한 성장 욕구를 가지고 있다면 강점으로 발전시킬 수 있는 확률이 높다.

강점 분야의 전문가 마커스 버킹엄(Marcus Buckingham)은 '어떤 사람이 가지고 있는 타고난 재능과 지식 그리고 기술의 조합'을 '강점'이라고 정의한다. 그리고 그의 저서 『나를 가슴 뛰게 하는 에너지, 강점』에서는 강점이 우리에게 보내는 신호(S.I.G.N)가 있다고 소개한다.

강점이 보내는 S.I.G.N은 'Success(성공)', 'Instinct(본능)', 'Growth(성장)', 'Needs(욕구)'의 앞 글자를 따서 조합한 것이다.

간략히 설명하면, 어떤 일에서 반복적으로 성공을 하는지, 무언가에 본능적으로 자꾸 마음이 끌리는지, 그 분야에서 성장하고 싶다는 의욕이 드는지, 특정한 일을 하고 나면 심리적인 욕구가 채워지는 기분이 드는지를 살펴봄으로써 강점을 찾을 수 있다는 내용이다. 위에서 제시했던 세 가지 질문도 마찬가지이다. 각 질문에 대한 자신만의 답변을 고민하다 보면, 각자 가지고 있는 '강점 S.I.G.N'을 발견할 수 있을 것이다.

혹자는 스스로의 강점은 객관성을 확보하기 위해서 타인에게 물어보아야 한다고 주장하기도 한다. 그러나 이는 대단히 위험한 발상이다. 왜냐하면 사람들은 저마다 서로 다른 색안경을 가지고 있기 때문이다. 의도에 따라서 그 안경의 색깔이 수시로 바뀌기도 한다. 똑같은 현상을 바라보면서도 저마다 해석이 달라서 충돌하고 갈등이 생기는 이유이다. 심지어 낳고 길러준 부모마저도 자녀에 대해 잘 알지 못하는 경우가 많지 않은가! 본인의 강점은 스스로에게 던지는 질문을 통해 찾는 것이 가장 정확하다.

Q1. 나는 무엇을 즐거워하고, 좋아하는가?
Q2. 나는 무엇이 쉽고, 빠른가?
Q3. 나는 무엇에 집중하고, 노력하는가?

혹시 혼자 자문자답하고 있는 행위 자체가 어색하게 느껴지는가? 그렇다면 또 다른 방법이 있다. 강점 진단을 해보는 것이다. 단, 책을 한 권 구매해야 한다. 도널드 클리프턴의 『위대한 나의 발견 강점혁명』이라는 도서이다. 도서 구매자에게는 〈Strengths Finder〉라는 강점 진단을 할 수 있도록 ID코드를 제공하고 있다.

현재 인터넷 서점 기준으로 판매가는 2만7천 원이다. 유명 브랜드 커피 5~6잔 정도를 즐길 수 있는 가격이다. 자신의 강점을 찾는 일은 커피 이상의 충분한 가치가 있다. 따라서 자신의 강점을 발견하기 위해 한 번쯤은 진단에 참여해 볼 것을 제안한다. 물론 그 책이 많이 팔린다고 해서 필자에게 돌아오는 몫은 단 1원도 없으니 불필요한 오해는 없기 바란다.

성장을 이끄는 코칭 질문 13

Question 1
아무리 피곤하더라도 즐거운 기분으로 할 수 있는 일이 있나요? 혹은 다소 지쳐 있을 때 빠르게 당신을 회복시킬 수 있는 방법이 있나요? 그 일 또는 그것이 좋은 이유는 무엇인가요?

Question 2
학창시절에 부모님과 선생님으로부터 자주 칭찬 받았던 일은 무엇인가요? 친구들과의 관계 속에서 당신은 주로 어떤 역할이었나요? 친구들은 당신을 어떤 사람으로 기억하고 있나요?

Question 3
시간 가는 줄 모르고 어떤 일에 완전히 집중했던 경험이 있나요? 어떤 상황이었고, 그것에 집중할 수 있었던 이유는 무엇인가요? 그때 당신이 느꼈던 감정 상태는 어떤 것이었나요?

나의 강점은 세상 누구보다
내가 제일 잘 알고 있다.

곤란한 질문은 어떻게 대답해야 할까요?

아영이는 며칠 뒤 면접을 앞두고 있었다. 한 공기업의 신입사원 공채에 제출했던 이력서와 자기소개서가 서류 전형을 통과한 것이다. 면접의 기회가 주어진 것 자체가 기쁘고 감사한 일이었지만, 그 즐거움은 오래가지 못했다. 면접 준비를 위해 질문 족보를 찾아보고 나서 풀이 죽어 있었다. 족보에는 별별 질문들이 다 나와 있었다. 〈만약 상사가 부당한 지시를 내린다면 어떻게 할 건가요?〉, 〈야근이 많을 텐데 괜찮겠어요?〉, 〈학점이 그다지 높지는 않네요?〉, 〈아무래도 여자가 일하기에는 힘들걸요?〉 등 하나 같이 말문이 턱턱 막히는 질문들이었다. 아영이는 족보를 한참 읽어보더니 크게 한숨을 내쉬며 말했다.

"어휴, 질문들이 왜 이리 어려운 걸까요? 선배님, 곤란한 질문을 받았을 때는 어떻게 대답하는 것이 좋을까요?"

면접장에서는 정말 다양한 질문과 대답들이 오간다. 그러다 보니 지원자들은 생각지도 못했던 질문을 받기도 한다. 질문의 내용이 지원자의 생각과 정면으로 대립하거나 충돌하여 매우 난처할 때도 있다. 면접관들은 왜 이리 공격적인 질문을 던지는 것일까?

　이런 상황은 기업의 입장에서 생각해 보면 답이 나온다.

　일반적으로 구직자들은 취업이 바늘구멍을 통과하기보다 힘들다고 호소하지만, 마찬가지로 기업들도 사람 뽑는 것이 매우 어렵다고 이야기한다. 우수한 능력을 가지고 있으면서 조직문화까지 딱 맞은 사람을 찾기가 쉽지 않기 때문이다. 또한 사람 한 명 잘못 뽑음으로써 기업이 치러야 할 대가도 매우 크다. 따라서 지원자 한 명 한 명이 과연 조직에 적합한 사람인가를 다양한 질문으로 끝없이 검증할 수밖에 없다. 그러다 보니 때로는 지원자들을 날카롭게 압박하는 질문이 되기도 하는 것이다. 그렇다면 이러한 공격적인 질문들에는 어떻게 대처하는 것이 가장 바람직할까?

　대답에는 정확하게 맞고 틀리는 방식의 정답과 오답이 존재하지 않는다. 사람마다 경험한 것들이 모두 다르고 그에 따라 형성된 가치관도 제각각이기 때문이다. 따라서 정해진 모범답안은 있을 수 없다. 다만, 답변의 방식에 '수준 차이'는 존재한다. 나의 생각과 상반되거나 전혀 동의할 수 없는 내용의 질문을 받았을 때, '면접의 고수'들은 어떻게 대답할까?

만약 당황한 기색을 감추지 못하고, 말을 더듬으며 대충 넘어가는 사람이라면 '하수'에도 끼지 못하는 '초수'이다. '하수'의 답변은 '대립'이다. 상대방과 맞서서 자신의 생각을 또박또박 일방적으로 전달한다. 얼굴을 붉히고 흥분하면서 강력하게 주장할수록 '하수'에 가깝다. 반면 '중수'의 답변은 '설득'이다. 본인이 가지고 있는 생각이 옳다는 것을 증명하려 노력한다. 나의 의견이 더 바람직하다는 근거를 대기 위해 여러 가지 정보와 지식을 덧붙여서 설명한다.

끝으로 '고수'의 답변은 '수긍'이다. 내가 왜 이렇게 생각하는지 그 이유와 배경을 논리적으로 풀어 전달함으로써 상대방을 이해시킨다. 자신의 의견에 대해 충분히 공감하도록 하여 상대방의 감정적 동의를 이끌어내는 것이다. 이는 평소 대화를 잘한다고 평가받는 사람들에게 공통적으로 나타나는 특징이기도 하다.

내가 처음 입사했던 L그룹 신입사원 교육에서 만난 김○○은 면접의 고수였다. 그녀는 최종 면접에서 "우리 회사같이 거친 곳에서 ○○ 씨처럼 연약해 보이는 여자가 과연 어울리겠어요?"라는 질문을 받았다. 그녀는 과연 어떻게 대답했을까?

"면접관께서도 어떠한 점이 우려되어 그러한 질문을 하신 것인지 충분히 공감됩니다. 품질과 안전을 위해 생산 현장의 엄격한 관리가 필수이다 보니 조직 문화도 다소 거칠 수 있을 것이라고 생각합니다. 면접을 위해 △△기업을 조사하면서 생산 현장이 가장 핵심이라는 CEO 인터뷰도 본 적이 있습니다. 더욱이 안전사고가 발생하지 않는 무재해 기록을 달성하기 위해서 큰 노력을 기울이고 있다는 뉴스도 기억이 납니다. 그런데 그 엄격함이라는 것을 조금 더 자세히 들여다보면, 밑바탕에는 정확성과 세밀함이 깔려 있다고 생각합니다. 앞에 계신 면접관께서는 그렇지 않으시겠지만, '여자는 남자보다 연약하다'는 선입견을 종종 갖기도 합니다. 그런데 이와 반대로 '여자는 남자보다 세심하고 꼼꼼하다'는 선입견도 있지 않습니까? '여자가 소통과 공감 능력이 더 뛰어나다'는 선입견도 있습니다. 이러한 선입견처럼 여성만이 가지고 있는 특유의 강점이 존재한다면, 그것 역시 △△기업의 '엄격함'을 더욱 발전시키기 위해 반드시 필요한 요소들이라고 생각합니다."

그녀는 성차별적인 질문을 곧바로 반박하거나 대립하지 않았다. 먼저 면접관이 남성성과 여성성을 왜 중요하게 생각하는지 그 이유에 공감하는 수용적 태도를 보였다. 자신의 공격적 질문을 공감으로 받아주는 지원자에게 면접관도 호기심과 호감이 생기기 마련이다. 이어지는 지원자의 답변을 경청할 준비가 되는 것이다.

성차별적 인식에 비판하는 주장을 강력하게 펼치지도 않았다. 오히려 면접관이 제기한 성에 대한 선입견을 그대로 뒤집어 활용하였다. 여성에 대한 부정적 선입견 그 반대편에는 긍정적 선입견도 있음을 언급했을 뿐이다. 그리고 조직이 추구하는 '엄격함'이라는 가치가 단순히 거칠고 투박한 것이 아니라고 재해석하였다. 여성에 대한 선입견이 설령 사실이라고 하더라도 오히려 그것이 기업의 발전에 필요할 수 있다는 것을 납득하게 만든 것이다.

면접관이 던지는 난처한 질문들에 숨어 있는 진짜 의도는 무엇일까? 그것은 지원자의 잠재된 가능성을 판단하기 위함이다. 질문에 대한 지원자의 답변을 통해 업무 현장에서 어떤 모습으로 일을 하게 될지 예측해 보는 것이다. 상대방을 '수긍'시키는 커뮤니케이션은 뛰어난 업무 성과를 창출하기 위해서도 꼭 필요한 핵심 역량이다. 고객을 상대로 우리 회사의 제품과 서비스를 구매할 수밖에 없도록 수긍시키는 사람이 '영업의 달인'이 될 수 있다. 다양한 이해관계자들을 협업하도록 납득시켜서 시너지를 창출할 수 있는 사람이 '리더'로서 성장할 수 있다.

대답하기 곤란한 질문에는 공감과 함께 논리적인 답변으로 당신의 성장 가능성을 보여주자. 단순히 강력하게 주장하는 것을 넘어서서 상대방으로부터 동의를 이끌어내고 수긍하게 만드는 답변을 연습하자. 어느새 어떤 질문에도 흔들리지 않는 '면접의 고수'가 되어 있을 것이다.

성장을 이끄는 코칭 질문 14

Question 1
물건을 살 때 꼼꼼히 따져본 적이 있나요? 그것을 사기 전에 어떤 점들을 살피고 고민했나요? 당신을 상품이라고 가정한다면, 당신을 사는 사람은 무엇을 따져보려고 할까요?

Question 2
당신이 생각하는 당신의 최대 약점은 무엇인가요? 면접장에서 제발 이것만큼은 물어보지 말았으면 하는 게 있다면 무엇인가요?

Question 3
당신의 약점은 정말 약점이 맞나요? 긍정적인 면은 없나요? 관점을 바꿔본다면 조금 달라지지 않을까요? 예를 들면, 느린 게 아니라 신중한 것이라고 볼 수도 있지 않을까요?

고수의 답변은
상대방의 고개를 끄덕이게 한다.

질문 열다섯

면접관에게 질문을 해도 되나요?

며칠 전 면접을 보고 왔다는 하늬를 만났다. 면접의 분위기는 어땠는지, 어떤 방식으로 면접이 진행됐는지 등이 궁금하여 이런저런 질문을 하였다. 내 궁금증을 해소해 주기 위해서 하늬는 그날의 기억을 하나하나 떠올리며 자세히 이야기해 주었다. 면접관이 어떤 질문을 했고 본인은 어떻게 대답했는지, 그리고 같은 질문에 다른 지원자는 어떻게 답변을 했는지 되새겨 볼 수 있었다. 한참을 이야기하던 하늬가 불현듯 뭔가 떠오른 표정으로 말했다.

"아! 맞다! 면접이 시작된 지 한 시간 정도가 지나고 마무리할 때쯤이었어요. 면접관께서 혹시 궁금한 게 없냐고 하시더라고요. 알고 싶거나 물어보고 싶은 게 있으면 얼마든지 질문해도 된다고 하셨어요. 지원자들은 당황한 듯 머뭇머뭇 눈치만 보다가 그냥 넘어갔죠. 근데 면접관에게 궁금한 걸 질문해도 되나요?"

면접을 진행하다 보면 면접관이 지원자들에게 궁금한 게 있냐고 물을 때가 있다. 특히 면접이 마무리되는 시점에 질문을 해보라고 요청하는 경우가 많다. 이때 많은 지원자들이 딱히 궁금한 게 없다고 멋쩍은 표정을 지으며 대충 넘어간다. 면접 과정 내내 느꼈을 긴장감과 스트레스로 인해 면접장을 얼른 떠나고 싶은 마음도 클 것이고, 질문하는 것 자체가 익숙하지 않기 때문일 것이다. 우리나라 공교육 과정을 거쳐 온 사람이라면 질문 자체가 큰 부담이지 않은가!

그런데 질문에는 특별한 힘이 있다. 질문에는 그 사람의 관심 분야, 호기심, 열정 등이 담겨 있다. 적절하고 좋은 질문을 통해서 면접관이 미처 발견하지 못한 당신의 매력을 전달하는 기회가 될 수 있다.

마블(Marvel)의 영화를 본 적이 있는가? 아이언맨, 헐크, 토르 등 다양한 슈퍼 히어로가 등장하는 SF액션 영화 말이다. 개인적으로 나 또한 마블의 열성 팬으로, 마블의 영화는 한 번도 안 본 사람은 있어도 한 번만 본 사람은 없을 것이라고 생각한다. 마블의 영화에는 특별한 매력이 있다. 영화 한 편을 보고 나면 다음 속편에 대한 기대감을 가지고 개봉 날짜를 기다리게 된다. 개봉 전까지 중간 중간 공개되는 트레일러 예고편도 찾아보면서 어떤 이야기가 펼쳐질지 나름 추측도 해본다.

마블이 가지고 있는 매력의 비밀은 무엇일까? 단순히 영화에 등장하는 멋진 캐릭터, 화려한 액션, 유쾌한 스토리 등이 잘 어울려졌기 때문일까?

개인적으로 마블 영화의 속편이 기다려지는 진짜 이유는 바로 '쿠키(Cookie)' 영상 때문이라고 생각한다. 마블의 영화에서는 항상 영화가 끝나고 엔딩 스크롤이 올라간 뒤에 짧은 영상이 공개된다. 이것을 '쿠키 영상'이라고 하는데, 다음 속편에 대한 강력한 힌트가 담겨 있다. 어떤 영화는 2시간 분량의 본 이야기보다 몇 초간 공개되는 쿠키 영상의 임팩트가 더욱 강해서 계속 기억에 남기도 한다. 마블은 짧지만 강한 마지막 메시지를 남김으로써 관객들에게 기대감을 전달한다.

면접 마무리 단계에서 주어지는 질문의 기회를 마치 마블의 쿠키 영상과 같이 활용하자. 조금 더 대화를 나누고 싶고, 함께 일을 해보고 싶은 기대감을 전달하는 질문이 필요하다.

그렇다면 어떤 질문이 적절하고 좋은 질문일까?

가장 질문을 잘하는 사람을 떠올려보자면 아마도 많은 인물과 사건을 취재하는 '기자'일 것이다. CNN에서 백악관 출입기자와 앵커로서 활약해 온 프랭크 세스노(Frank Sesno)는 그의 저서 『Ask More, 판을 바꾸는 질문들』에서 지원자의 질문에 대한 내용을 언급한다.

그에 따르면, 면접관은 지원자가 물어보는 질문을 통해서 많은 것들을 파악할 수 있다고 말한다. 만약 지원자의 질문이 급여나 복지, 휴가 등에 집중되어 있다면 해당 지원자는 직무 자체에 별로 관심이 없는 것이라고 설명한다. 해당 기업에 대해서 진정한 관심을 가지고 잘 준비해 온 지원자라면 조직의 문화, 일하는 방식, 직무의 목표, 성장의 기회 등에 대한 진지한 질문을 물어본다고 한다. 따라서 면접에 가기 전 몇 가지 좋은 질문을 고민하여 준비해 갈 필요가 있다고 주장한다.

그런데 질문도 뭘 좀 알아야 할 수 있는 것이다. 학창시절을 떠올려보자. 수업 시간 중에 손을 들고 질문하는 친구들은 대부분 이미 학급 성적이 꽤나 좋은 친구들 아니었던가. 정말로 아무것도 몰라서 백지 상태에 가까운 사람은 질문조차도 제대로 할 수가 없다. 따라서 면접 전 해당 기업에 대한 충분한 공부가 필요하다.

그 기업은 어떤 성공과 실패를 해왔는지, 현재의 상황은 어떠한지, 미래의 목표는 무엇인지 조사하자. 그리고 내가 지원한 직무에서는 어떤 일을 하게 되는지, 그 일을 위해서는 어떤 지식과 능력 등이 필요한지를 파악하자. 좋은 질문을 만들기 위한 다양한 재료들을 확보해야 한다. 그리고 이를 활용해 몇 가지 질문을 준비하여 기억하도록 하자.

면접장에서의 질문은 단순히 궁금증을 해소하기 위한 도구가 아니다. 내가 얼마나 해당 기업과 직무에 관심과 열정을 가지고 있는지 피력하기 위한 목적이 더욱 크다. 면접 말미에 묻는 좋은 질문 하나가 당신의 마지막 인상을 만들게 된다.

좋은 질문의 예시

- 일을 할 때 ○○기업에서 가장 중요하게 여기는 가치는 무엇인가요?
- 얼마 전 시작된 □□ 신규 사업에 참여할 수 있는 기회가 있나요?
- 제가 지원한 △△ 직무를 성공적으로 수행하려면 어떤 능력이 가장 필요한가요?

나쁜 질문의 예시

- 신입사원은 연봉이 얼마인가요? 며칠에 월급이 들어오나요?
- 평소에 야근이 많나요? 퇴근은 보통 몇 시쯤 하게 되나요?
- 직원들에게 제공되는 복리후생은 어떤 것들이 있나요?

Question 1

최근에 가장 길게 대화를 나누었던 사람과 그 상황을 떠올려봅시다. 당신의 기억 속 그 사람은 어떤 사람인가요? 반대로 지금 상대방은 당신을 어떤 모습으로 기억하고 있을까요?

Question 2

당신의 '첫인상'뿐만 아니라 '끝 인상'까지, 상대방에게 긍정적으로 전달할 수 있는 방법은 무엇일까요?

Question 3

기자회견의 주인공이 되었다고 상상해 봅시다. 듣고 싶은 질문이 있나요? 반대로 듣기 싫은 질문은 무엇인가요? 듣고 싶은 질문과 듣기 싫은 질문의 차이점은 무엇인가요?

마지막 순간에 묻는 질문 하나가
당신의 끝 인상을 만든다.

4장

면접 실전에 대한 질문들

- 1분 자기소개는 어떻게 해야 하나요
- 실무 면접은 무엇을 준비해야 하나요
- 임원 면접은 무엇을 준비해야 하나요
- PT 면접은 무엇을 준비해야 하나요
- 토론 면접은 어떻게 해야 하나요

1분 자기소개는 어떻게 해야 하나요?

면접에서 가장 떨리는 순간은 언제일까? 물론 면접장 밖에서의 대기부터 끝날 때까지 긴장의 연속일 것이다. 그러나 긴장감이 최고조에 이르는 시점은 면접관 앞에 마주 앉아 첫마디를 '시작'할 때가 아닐까? 무엇이든지 첫 경험은 강렬한 법이니 말이다! 다음 주 첫 번째 면접을 앞두고 있는 인섭이도 '면접의 시작'에 대한 고민을 하고 있었다.

"면접장에 들어서면 가장 먼저 1분 자기소개로 면접을 시작하게 될 텐데 걱정이에요. 시작이 반이라고 하잖아요. 어떤 내용으로 운을 떼야 할지 모르겠어요. 1분 자기소개는 어떻게 해야 하나요?"

'첫 단추를 잘 꿰어야 한다'는 말이 있다. 모두가 알고 있듯이 시작을 잘 해야 마무리까지 잘 맺을 수 있다는 의미이다. 면접에 있어서는 '1분 자기소개'가 바로 잘 꿰어야 하는 첫 단추와 같다.

1분 자기소개는 이후 이어지는 전체 면접 내용에 큰 영향을 주기 때문이다. 1분 자기소개를 단지 면접 시작을 위한 형식적인 행위로 여기거나, 면접관이 지원자의 응시서류를 다시 한 번 체크하는 시간 정도로 가볍게 생각한다면 큰 오산이다. 짧은 1분을 얼마나 전략적으로 대처하느냐에 따라서 면접의 성공 여부가 결정된다. 그렇다면 1분 자기소개는 어떻게 접근하고 준비해야 하는 것일까?

1분 자기소개는 첫인상을 형성한다. 여기 두 명의 사람이 있다고 가정해 보자. A는 똑똑하고, 부지런하며, 충동적이고, 고집이 센 편이며, 질투심이 강하다. 그리고 B는 질투심이 강하고, 고집이 센 편이며, 충동적이고, 부지런하며, 똑똑하다. 당신은 둘 중 어느 쪽에 더욱 호감이 가는가? A에게 조금 더 끌리지 않는가?

이것은 심리학자 솔로몬 애쉬(Solomon Ash)가 진행했던 실험의 내용이다. 똑같은 성격 묘사를 단지 순서만 바꿔놓았을 뿐인데, 실험의 참가자들은 대부분 A에게 더 호감을 느낀다고 대답했다. 똑똑하고 부지런하다는 긍정적 묘사가 먼저 제시되었기 때문이다. 이를 심리학 용어로 '초두 효과(Primary Effect)'라고 표현한다. 사람의 첫인상이 중요하다고 강조하는 이유이기도 하다.

면접관이 지원자의 첫인상을 형성하는 데는 어느 정도의 시간이 걸릴까? 혹자는 10~30분이라고 말하기도 하고, 극단적으로는 면접장 문을 열고 걸어 들어오는 3초면 이미 판단이 끝난다고 말하는 사람도 있다. 대부분의 면접 과정은 짧은 아이스-브레이킹(Ice-Breaking)과 함께 1분 자기소개로 시작한다. 1분 자기소개가 면접관의 첫 번째 질문이자, 지원자의 첫 번째 답변이 된다. 즉, 3초가 걸리든 30분이 걸리든, 1분 자기소개가 지원자의 첫인상을 형성하는 데 큰 영향을 미친다는 것은 부정할 수 없는 사실이다.

따라서 지원자는 이 시간 동안 최대한 면접관에게 긍정적인 인식을 주입시켜야 한다. 제 아무리 객관성을 추구하려는 면접관이지만, 결국 사람이기에 완전히 감정을 배제시킨 평가를 할 수는 없기 때문이다. 첫인상이 긍정적이면 지원자의 장점을 찾아가는 평가를 하게 된다. 반대로 부정적 인상이었다면 단점을 찾아가는 평가를 할 가능성이 크다. 합격시켜야 할 이유를 찾아가는 평가와 탈락시켜야 할 이유를 찾아가는 평가라고 표현할 수도 있겠다. 따라서 지원자는 면접 초기에 면접관으로부터 빠르게 호감을 얻을 수 있도록 행동해야 한다.

그렇다면 짧은 시간 동안 빠르게 호감을 불러올 수 있는 방법은 무엇이 있을까?

첫 번째 방법은 웃음이다. 호감을 형성하는 다양한 방법 중에 짧지만 그 효과가 가장 강력한 것은 상대방을 웃게 만드는 것이다. 웃음은 무거운 분위기를 편안하게 만들어준다. 또한 함께 웃으면

친밀감이 쌓이고 상대방에 대한 마음이 열리게 된다. 그렇다고 배꼽이 빠질 정도로 웃겨야 한다는 의미가 아니다. 그저 면접관이 당신을 향해서 가볍게 미소 지을 정도라면 충분하다.

상대방을 미소 짓게 만드는 가장 쉬운 방법은, 내가 먼저 밝게 웃는 모습을 보여주는 것이다. 사람은 받은 만큼 돌려주고 싶어 하기 때문이다. 이를 '상호성의 원칙'이라고 한다. 면접장에 들어서는 순간, 그리고 1분 자기소개 첫마디를 떼는 순간에 가장 밝은 미소와 목소리를 건네도록 하자. 웃는 얼굴에 침 못 뱉는다고 하지 않던가! 최소한 면접관이 당신에게서 부정적인 인상을 갖는 일은 막을 수 있을 테니 먼저 환하게 웃어 보도록 하자!

두 번째 방법은 아이스-브레이킹 시간을 활용하는 것이다. 실제 면접 현장을 가보면 시작 단계에서 면접관들이 먼저 아이스-브레이킹을 시도하는 경우가 많다. 면접관들은 일반적으로 사전 면접관 교육을 받는데, 지원자가 역량을 제대로 펼칠 수 있도록 편안한 분위기를 조성해야 한다는 내용도 포함되어 있기 때문이다. 지원자가 먼저 아이스-브레이킹을 시도하는 것은 자칫 가벼운 사람으로 보일 위험이 크다. 그러나 면접관이 먼저 가벼운 농담을 던진다거나 캐주얼한 화제를 꺼냈을 때, 이에 알맞게 지원자가 받아친다면 유쾌한 사람이라는 인상을 줄 수 있다.

첫 번째 직장이었던 롯데그룹 최종 면접을 하루 앞두고, 나는 급히 백화점을 방문했다. 빨간색 솔리드(Solid) 넥타이를 하나 사기 위해서였다. 예나 지금이나 대부분의 남자 지원자들은 푸른색 계열의 사선 무늬 넥타이를 착용하고 면접장에 나타난다. 푸른색이 차분해 보이고, 신뢰감을 준다고 알려져 있기 때문이다. 그런데 나는 약간의 청개구리 기질이 있어서 나름 튀어보려는 의도로 빨간 넥타이를 매고 간 것이다. 아니나 다를까 면접관 중 한 명이 면접을 시작하면서 나의 넥타이를 언급했다.

"넥타이 색깔이 강렬하고 멋지네요. 직접 코디한 건가요?"

편안한 면접 분위기를 형성하고자 면접관이 시도한 '아이스-브레이킹' 순간이었다. 나는 이를 놓치지 않고 환하게 웃으며 대답했다.

"네! 롯데그룹을 상징하는 색깔과 최대한 똑같은 걸 찾고 싶어서 어제 저희 동네에 있는 롯데백화점 매장을 샅샅이 뒤졌습니다. 이렇게 알아봐주시니 참 기분이 좋습니다. 면접관님도 패션 감각이 상당히 뛰어나신 것 같습니다!"

정중앙에 앉아 있던 대표이사를 포함해 총 세 명의 면접관이 배석해 있었는데, 모두가 '허허허' 웃어주었다. 아주 잠깐 오고간 넥타이 이야기로 인해서 면접장의 분위기가 순식간에 편안해진 것이다. 환하게 웃어주는 면접관들을 보고 나니, 나를 짓누르던 긴장감도 어느새 사라져 있었다. 그리고 준비했던 이런저런 답변들을 쉽게 풀어낼 수 있었다.

1분 자기소개가 중요한 이유는 또 있다. 바로 '프레이밍 효과(Framing Effect)' 때문이다. 프레이밍 효과는 행동경제학에서 제시된 개념인데, 사람들은 어떠한 인식의 프레임(틀)에 갇혀서 생각하고 행동하는 경향이 있다는 것이다. 이해를 돕기 위한 사례를 하나 들자면, 1960년대 미국 렌터카 업체 AVIS는 항상 2위였다. 독보적 1위 Hertz와는 큰 격차로 밀려 있었고, 더욱이 만성 적자까지 기록하고 있었다. 이들은 고민 끝에 〈AVIS is only No.2 in rent a cars so we try harder〉라는 광고 문구를 내세웠다. 우리는 2위라서 더욱 열심히 할 수밖에 없다는 뜻이다. 이를 본 소비자들은 'AVIS는 성실한 회사'라는 인식의 프레임을 가지게 되었다. 그 덕분에 AVIS는 만성 적자도 해결하고, 1위 Hertz와 견줄 정도로 성장할 수 있었다.

면접 현장에서도 프레이밍 효과는 유효하다. 바로 1분 자기소개를 잘 활용한다면 면접관에게 지원자가 바라는 프레임을 씌울 수 있다. 가령 지원자가 인턴으로 근무해 본 실무 경험을 강점이라고 생각한다면, 이를 1분 자기소개 때 의도적으로 강조하여 면접관에게 '인턴 경험을 통해 실무 능력이 뛰어난 지원자'라는 프레임을 씌우는 것이다. 그리고 그 프레임 안에서 집중적으로 질문이 나오도록 유도하는 것이다. 즉, 지원자가 듣고 싶은 질문을 이끌어냄으로써 면접의 주도권을 가져오는 것이라고 볼 수 있다.

나의 경우는 인사 업무에 필요한 지식을 꾸준히 쌓아왔음을 강점으로 이야기하고 싶었다. 대학생활 4년 동안 인사 관련 전공

수업이 있으면 모두 골라서 수강했고, 군생활 중에는 공인노무사 자격증 공부도 병행하여 1차 합격까지 한 상태였기 때문이었다. 만약 면접관이 이와 관련된 질문을 한다면 막힘없이 이야기할 자신이 있었다. 따라서 〈인사 분야 전문가로 성장할 준비가 된 인재〉라는 내용으로 1분 자기소개를 하였다. 면접관으로부터 〈어떤 준비를 했는가?〉라는 질문을 끌어내기 위한 의도였다. 그리고 추가적으로 어떤 질문을 유도해 갈지도 아래와 같이 계획을 세워두었다.

첫째, 인사관리론, 조직행동론, 조직심리학, 조직이론, 노사관계론 등 수강했던 인사 관련 과목명을 의도적으로 나열하여 답변한다(구체적으로 과목명을 밝힘으로써 인사 업무에 대한 관심의 진정성을 전달하기 위한 의도였다).

둘째, 가장 인상 깊었던 과목으로 '노사관계론'을 언급하고, 기업 경영에 있어서 노사관계가 가지는 중요성과 노무 담당자의 역할에 대한 나의 생각을 이야기한다(노무 담당자 채용 면접이었기 때문에, 노무사 수험 준비에 대한 내용으로 면접관의 질문을 유도하려는 의도였다).

셋째, 노사관계는 매우 어려운 사안이기 때문에 노무 담당자는 전문성이 필요하며, 이를 위해서 노무사 자격 취득도 계획하고 있음을 이야기한다(1차 시험은 이미 합격했다는 정보도 제공하여 신뢰를 느낄 수 있도록 하려는 의도였다).

프레이밍 효과를 의도한 1분 자기소개는 면접장에서 실제로 효과를 발휘했다. 면접관의 질문들이 미리 예상해 놓았던 범주에서 크게 벗어나지 않았던 것이다. 심지어 답변 도중에 '이번에는 이런 질문이 나오겠구나' 같은 예상이 정확히 적중하는 경우도 있었다. 1분 자기소개로부터 던져질 질문과 그에 대한 답변, 그리고 그로부터 파생될 질문까지 시나리오를 구상해 놓았기 때문이었다. 질문을 듣고 어떻게 대답할지 진땀 흘릴 필요도 없이, 그저 미리 준비한 답변을 차분히 설명하면 그만이었다.

글의 서두에서 1분 자기소개는 잘 꿰어야 하는 '첫 단추'와 같다고 비유했다. 1분 자기소개가 지원자에 대한 '첫인상'뿐만 아니라 '인식의 프레임'까지 형성하기 때문이었다. 면접관은 그 프레임 안에서 질문을 떠올리고, 지원자의 답변을 통해 파악된 정보는 또 다른 질문을 이끌어낸다. 결국 면접관이 1분 자기소개를 통해 인식한 '첫 정보'가 전체 면접 흐름에 영향을 미치는 것이다. 흔히 시작이 좋아야 끝도 좋다고 하지 않던가. 면접도 마찬가지이다. 전략적인 1분 자기소개가 면접 전체의 성공을 불러올 것이다.

Question 1
가장 친한 친구가 다른 사람에게 당신을 소개한다고 가정했을 때, 당신을 어떤 사람이라고 이야기할까요? 그 이유는 무엇인가요?

Question 2
당신을 표현할 수 있는 단어들을 자유롭게 떠올려볼까요? 당신이 작성한 자기소개서에서 자주 사용된 단어는 무엇인가요? 단어들에서 어떤 공통점을 찾을 수 있나요?

Question 3
처음 만난 사람과도 편안하게 대화를 나누는 편인가요? 편안한 대화가 가능한 당신만의 특별한 노하우가 있나요? 만약 대응이 어렵다면 상대방이 무엇을 해줘야 편안한 대화가 가능한가요?

면접에서 1분 자기소개는
잘 끼워야 하는 '첫 단추'와 같다.

질문 열일곱

실무 면접은 무엇을 준비해야 하나요?

선영이가 기쁜 소식을 가지고 왔다. 기다리고 기다리던 면접의 기회가 드디어 주어진 것이다. 정형화된 이력서와 자기소개서에는 모두 담아내지 못했던 자신의 진정한 실력을 보여줄 때가 찾아온 것이다. 선영이가 자랑하며 보여준 면접 안내 메일을 읽어보니 〈1차 실무진 면접 후, 합격자에 한하여 2차 최종 면접 진행 예정〉이라고 적혀 있었다. 최종 합격을 위한 그 첫 번째 관문인 실무진 면접을 앞두고 선영이가 이야기했다.

"최종 면접에 가려면 일단 실무진 면접부터 통과해야 하는 거네요. 선배님, 그런데 실무진 면접은 어떻게 준비해야 할까요? 면접장에서 실무를 시켜보나요? 아니면 실무에 대한 내용으로 따로 시험을 보나요? 막상 코앞으로 다가오니 무엇을 어떻게 준비해야 할지 막막하네요."

일반적으로 실무진 면접에서는 실제 부서에서 함께 근무할 각

부서의 리더 격인 부장이나 차장 정도가 면접관 역할을 맡게 된다. 실제 자신들이 본인의 부서에서 함께 생활하며 일하고 싶은 똑똑한 막내 사원을 고르는 자리라고 볼 수도 있겠다. 실무진 면접의 주된 목적은 지원자가 얼마나 현업에서 주어진 직무를 잘 수행할 인물인지 평가하는 것으로, '직무능력 면접'이나 '역량 면접'이라고도 부른다. 면접관들은 지원자가 현업 부서의 일원으로서 얼마나 제 역할을 잘 수행할 수 있을지 판단하기 위하여 〈K-S-A〉에 집중한다. 지원자에게 주어지는 질문 역시 이 〈K-S-A〉에 큰 비중을 두고 있다. 그렇다면 지원자 역시 〈K-S-A〉에 집중하여 준비해야 할 것이다. 도대체 이 〈K-S-A〉의 정체는 무엇일까?

〈K-S-A〉에 대하여 파악하기 위해서는 먼저 '역량(Competency)'이라는 용어의 의미부터 이해해야 한다. 역량이란, 어떠한 직무를 성공적으로 수행하기 위해서 요구되는, 지식과 기술 그리고 태도를 의미한다. 또는 각 직무의 고성과자(High-Performer)들이 공통적으로 가지고 있는 지식과 기술, 태도를 의미하기도 한다. 역량의 의미에서 반복적으로 언급되고 있는 '지식(Knowledge)', '기술(Skill)', '태도(Attitude)'를 통칭하여 경영학의 인적자원관리 영역에서는 〈K-S-A〉라고 줄여서 부르고 있다.

최근 공기업 채용의 트렌드인 'NCS(국가직무능력표준, National

Competency Standards)'에도 그 중심에는 〈K-S-A〉가 존재한다. 직무마다 각각 어떠한 역량이 필요한지 국가 차원에서 〈K-S-A〉를 기준으로 정리해 놓은 것이 바로 NCS라고 할 수 있다. 이는 학벌 등의 무분별한 스펙 경쟁을 벗어나, 실질적인 업무 능력을 중심으로 채용하겠다는 배경에서 탄생한 개념이다. 즉, 〈K-S-A〉는 지원자의 직무수행능력을 평가하기 위한 도구로써 일반 기업과 공기업에서 두루 활용되고 있다.

〈K-S-A〉를 파악하면 면접 현장에서 어떤 질문이 주어질지 미리 예측하여 준비할 수 있다. 예를 들어 '해외영업'이라는 직무를 지원한다고 가정했을 경우, 〈K-S-A〉는 어떤 내용일지 간략히 살펴보도록 하자.

해외영업 직무를 성공적으로 수행하기 위해서 필요한 지식(Knowledge)에는 무엇이 있을까? 우선 수출입 프로세스에 대한 전반적인 이해와 각종 무역 관련 법규의 기본적인 숙지가 필요할 것이다. 또한 대금결제를 위한 외환거래 금융 지식도 요구되며, 원활한 국제운송을 위한 항공 및 해상 운송수단 등에 대한 물류 지식도 요구된다.

기술(Skill)적인 측면을 살펴보자. 가장 기본적으로 요구되는 기술은 당연히 뛰어난 외국어 능력이다. 해외 거래처와의 업무 진행을 위해서 레터, 전화, 미팅 등의 다양한 커뮤니케이션이 필요하기 때문이다. 각종 무역서류를 작성하고, 검토하는 기술도 필요하겠다.

마지막으로 태도(Attitude)이다. 새로운 시장과 고객을 개척하여 거래를 성사시키기 위해서 추진력과 도전정신이 필요할 것이다. 복잡한 국제 거래 프로세스를 꼼꼼하게 챙기는 세심함도 필요하다. 각종 국제 이슈의 변동 사항에 따라 거래에 차질이 없도록 리스크를 예방하는 계획적인 태도도 필요하겠다. 면접관들은 이렇게 나열된 〈K-S-A〉 내용을 중심으로, 지원자가 얼마나 이를 갖추고 있는지 판단하기 위한 질문들을 던지게 된다.

해당 직무를 경험해 본 적이 없기 때문에 어떤 지식과 기술, 태도가 요구되는지 감이 오지 않는가? 그렇다면 NCS 홈페이지를 참고해 보도록 하자. 세분화된 직무별로 어떠한 지식, 기술, 태도가 요구되는지 정리되어 있다. 앞에서 예시를 든 '해외영업' 직무를 NCS 홈페이지에서 확인해 보도록 하자. 예시에서는 즉흥적으로 떠오른 〈K-S-A〉를 간략히 나열했지만, NCS에서 확인하면 훨씬 방대한 양의 내용을 확인해 볼 수 있다. 다음과 같은 단계로 검색하면 된다.

우선 홈페이지(www.ncs.go.kr)에 접속 후 상단에 노출되는 메뉴 중 〈NCS 및 학습모듈검색〉을 클릭한다. 분야별 검색, 키워드 검색, 코드 검색이 나오는데 분야별 검색을 살펴보자. 〈01. 사업관리〉부터 〈24. 농림어업〉까지 카테고리가 표시된다. '해외영업'을 검색하기로

했으니 〈10. 영업판매〉를 클릭한다. 그럼 중분류를 선택하라고 나온다. 중분류에서 〈01. 영업〉을 선택하면 다음은 소분류 〈01. 일반·해외 판매〉를 클릭한다.

다음은 세분류에서 〈01. 일반영업〉과 〈02. 해외영업〉으로 구분되는데, 해외영업을 클릭한다. 화면이 전환되며 〈NCS 능력단위〉라는 것이 정렬될 것이다. '해외시장조사', '해외영업 상품 분석', '해외 마케팅 전략수립' 등 해외영업 직무는 어떤 일을 수행하게 되는지 그 능력 단위들을 개략적으로 파악해 볼 수 있다.

그리고 각 능력 단위들의 〈미리보기〉를 클릭하면 세부적인 능력 단위 요소와 그 능력 단위 요소에서 요구되는 〈K-S-A〉를 확인해 볼 수 있다. 분야별로 검색하는 단계들이 다소 복잡하게 느껴진다면 〈키워드 검색〉을 활용해 보자. 조금 더 편리할 것이다(개인적으로는 NCS가 불필요할 정도로 세부적인 내용으로 작성되었다고 생각한다).

〈K-S-A〉는 면접 질문을 예상하는 용도 외에도 다양하게 활용될 수 있다. 우선 해당 직무와 나의 적성이 잘 맞는지를 파악하는 도구로서 활용할 수 있다. 〈K-S-A〉를 조사하다 보면 해당 직무를 구성하고 있는 개별 업무의 내용들을 살펴보게 된다. 이때 그 업무의 내용이 본인의 마음속 열정과 호기심을 자극하는 일인지 아닌지를 판단해 보도록 하자.

또한 〈K-S-A〉를 통해서 현재의 나에게는 어떠한 면이 부족한지 스스로 진단해 보는 기회를 가질 수 있다. 성공적인 직무 수행을 위해서 요구되는 이상적인 수준과 현재의 차이를 인식함으로써 향후 어떤 노력을 기울여야 하는지 명확하게 정리할 수 있다.

각자 희망하는 직무 분야의 〈K-S-A〉를 파악해 보도록 하자. 위에서 설명한 것처럼 NCS(국가직무능력표준)를 활용해도 좋고, 또는 실제 그 일을 생업으로 하고 있는 선배 직장인에게 질문하여도 좋다. 그 직무에서는 실제로 어떠한 일을 수행하고, 어떠한 지식과 기술 그리고 태도가 필요한지 구체적으로 조사해 보도록 하자. 〈K-S-A〉는 경험해 보질 못해서 그저 막연하게만 느껴지던 회사 업무를 조금이나마 손에 잡히도록 도와주는 아주 유용한 도구가 될 것이다.

Question 1

당신이 지원하는 직무가 실제로 어떤 일을 하는지 잘 알고 있나요? 실제로 그 일에 종사하고 있는 사람과 만나서 대화를 나눠본 적이 있나요?

Question 2

그 일을 성공적으로 수행하기 위해서는 어떤 종류의 지식, 기술, 태도가 어느 정도의 수준까지 필요한가요? 이와 비교했을 때 현재 당신의 지식, 기술, 태도는 어떤 상태인가요?

Question 3

당신이 하고 싶은 업무에서 10년 안에 자타가 인정하는 최고의 전문가가 되기 위해서는 어떤 노력이 필요할까요? (ex. 더 필요한 공부는? 더 필요한 훈련은? 만나봐야 할 사람은? 등등)

면접 준비에 가장 유용한 도구
'K-S-A'를 기억하자.
(Knowledge / Skill / Attitude)

임원 면접은 무엇을 준비해야 하나요?

다희는 ○○기업의 신입사원 공개 채용을 지원했고, 이제 임원 면접만 앞두고 있었다. 서류 전형, 인적성 검사, 실무진 면접을 모두 통과하고 드디어 마지막 관문만 남은 것이다. 취업 성공이 바로 눈앞에 보이기 시작했다. 절대로 놓치고 싶지 않은 절호의 기회였기에 다희는 임원 면접을 어떻게 준비해야 할지 심각한 고민에 빠졌다.

"임원 면접과 실무진 면접은 엄연히 다를 것 같아요. 임원 분들은 어떤 걸 궁금해 하실까요? 면접장에서 어떤 내용을 이야기해야 높은 점수를 받을 수 있을까요? 높은 직급에 계신 임원들은 어떤 기준으로 면접을 진행할지 궁금하네요. 임원 면접은 무엇을 준비해야 하나요?"

일반적인 기업의 채용 절차를 살펴보면, 서류 전형 통과자를 대상으로 1차 면접을 진행하게 된다. 이때 1차 면접의 면접관은 주로 현업 부서의 상급자 및 직책자들을 중심으로 구성된다. 면접관들은 각 직무를 성공적으로 수행하기 위해서 요구되는 역량을 중심으로 지원자를 평가한다(역량에 대해서는 실무진 면접에 대한 이야기를 다루면서 보다 자세히 다루었으니 참고하길 바란다). 1차 실무진 면접에 합격했다면, 주어지는 업무를 잘 수행할 수 있는 잠재력이 있는 것으로 평가받았다고 볼 수 있다.

그렇다면 취업을 향한 마지막 관문인 임원 면접에서는 무엇을 중심으로 평가할까? 실무진 면접과는 달리, 임원 면접에서는 지원자들이 가지고 있는 '인성과 가치관'에 집중한다. 함께 일할 만한 능력이 있는지 없는지 여부는 실무진들이 이미 검증을 완료했으니, 이제 우리 조직에 적합한 인물인지 아닌지를 임원의 시각으로 평가하는 것이다.

오랜 시간을 함께 살아온 부부들을 살펴보면, 종종 남편과 아내의 외모가 서로 많이 닮았다는 느낌을 받는 일이 있다. 오랫동안 함께 생활하면서 점점 닮아간 것 일 수도 있고, 또는 애초에 서로 닮아서 호감을 가지고 만나 가정을 꾸린 것일 수도 있다. 사람은 자신과 닮은 사람에게 본능적으로 호감을 느끼는 경향이 있다고 한다. 인간의 뇌에는 '미러 뉴런(Mirror Neuron)'이라는 신경세포가 있기 때문이다.

많은 기업의 재직자들을 만나 대화를 나누고 관계를 형성해 가다 보면 흥미로운 점을 발견할 수 있다. 어떤 기업에 소속되어 있는지에 따라서 그 사람의 말투나 성향, 생각과 행동방식 등이 상당히 비슷하다는 것이다. 기업의 이름을 떠올리고 그곳에서 일하는 사람의 이미지를 그려보라고 했을 때, 흔히 '삼성' 하면 이성적이고 꼼꼼한 사람이 떠오르는 반면 '현대'는 씩씩하고 도전정신이 강한 사람을 떠올리지 않는가? 기업에도 인간의 뇌처럼 '미러 뉴런'이라도 있는 것일까?

기업에서 '핵심 가치(Core Value)'는 마치 인간 뇌의 '미러 뉴런'과 같은 역할을 한다. 기업 내 모든 조직과 구성원들은 이 핵심 가치를 중심으로 움직인다. 가령 어떤 기업의 핵심 가치가 'Speed'라면 조직과 구성원은 각자 맡은 역할과 과업들의 신속한 추진을 중요하게 생각할 것이다. 반면 'Safety'라면 모든 경영활동에 대한 의사 결정과 과업들을 신중하게 진행할 것이다. 핵심 가치에 따라서 조직의 문화도 바뀌고, 일하는 방식도 바뀌게 된다. 핵심 가치는 각 기업마다 가지고 있는 고유의 DNA라고도 볼 수 있다.

기업의 임원들은 바로 이 핵심 가치를 기준으로 지원자를 평가한다. 지원자가 가지고 있는 인성과 가치관이 기업의 핵심 가치와 잘 어울리는지 여부를 판단하는 것이다. 실무진 면접을 통해서 직무 능력을 인정받은 지원자들 중 우리 기업의 색깔과 가장 어울리는 사람을 가려내는 작업이 임원 면접이라고 볼 수 있다.

구글(Google)의 인사 담당 수석부사장 라즐로 보크(Laszlo Bock)에 따르면, 구글은 구성원을 선발할 때 그 사람이 얼마나 '구글'다운지를 따져본다고 한다. 기존의 구글 직원들이 가지고 있는 특성과 문화, 가치관 등을 쉽게 받아들일 수 있는 사람인지 확인해 본다는 것이다. 따라서 임원 면접을 준비할 때는, 지원한 기업의 핵심 가치를 반드시 파악해야 한다. 단순하게 핵심 가치의 단어만 확인하고 끝낼 게 아니라, 각각의 핵심 가치가 가지고 있는 구체적인 의미까지도 깊게 이해할 수 있다면 더더욱 좋다.

그렇다면 기업의 핵심 가치는 어떻게 확인할 수 있을까?

가장 쉽고 확실한 방법은 해당 기업의 홈페이지를 방문해 보는 것이다. 홈페이지에서 소개하고 있는 가치, 비전, 미션, 인재상 등의 내용을 살펴보면 쉽게 찾을 수 있을 것이다. 대부분의 기업들은 창업주나 경영진이 직접 핵심 가치를 결정하여 선포하고 있다. 또는 임직원들이 함께 참여하여 핵심 가치를 결정하기도 한다.

그냥 좋은 뜻을 가진 단어 몇 개를 대충 골라서 홍보용으로 내걸어 놓은 것이 '핵심 가치'라고 알고 있는 사람들도 꽤 있다. 하지만 많은 기업들이 이 핵심 가치를 제대로 수립하고 확산시키기 위해서 수천만 원에서 억 단위의 금액까지 투자하기도 한다. 기업은 다양한 경영활동 영역에서 모든 전략과 실행에 핵심 가치를 반영시키고자 노력한다. 이러한 기업들의 노력을 '가치 경영'이라고 한다.

성공적인 임원 면접을 위해서 지원자가 가지고 있는 경험과 강점에 핵심 가치를 투영시키도록 하자. 기업 내 조직과 구성원들이 모든 경영활동에 핵심 가치를 반영시키는 것처럼 지원자도 자신의 모습과 이야기에 핵심 가치의 색깔을 입히는 것이다.

예를 들어 지원한 기업의 핵심 가치가 〈협업〉이라고 가정해 보자. 임원들은 '협업'을 잘할 수 있는 사람인지를 중점적으로 살펴보게 된다. 그렇다면 지원자는 '협업'을 잘하는 사람이라는 인상을 전달할 수 있어야 한다. 따라서 면접장에서 답변할 때 다른 사람과 함께했던 작업은 무엇이었고, 어떻게 서로를 도왔는지, 그리고 어떤 시너지를 창출했는지 등에 무게 중심을 두어야 한다.

임원은 우리 기업의 DNA를 가지고 있는 '닮은 사람'을 찾으려 한다. 즉, 우리 기업의 핵심 가치를 잘 받아들이고, 그에 맞게 일할 수 있는 사람을 선발하는 것이다. 핵심 가치를 통해서 그 기업이 가지고 있는 고유의 색깔을 정확하게 파악하는 것이 임원 면접이라는 최종 관문을 열 수 있는 성공의 열쇠가 될 것이다.

성장을 이끄는 코칭 질문 18

Question 1
당신이 좋아하는 사람들을 떠올려보세요. 그 사람들과 당신 사이에 닮은 점이 있나요? 반대로 싫어하는 사람들과 당신 사이에 전혀 다른 점은 무엇인가요?

Question 2
당신이 지원한 기업을 사람으로 표현해 볼 수 있나요? 성격은 어떨까요? 어떤 옷을 즐겨 입을까요? 습관은 무엇일까요? 취미는 무엇일까요? 무엇을 최고로 추구할까요?

Question 3
결혼할 배우자를 찾는다고 가정했을 때, 배우자가 꼭 당신과 맞았으면 하는 점(ex. 성격, 태도, 가치관, 취미, 식습관 등)이 있나요? 그 이유는 무엇인가요?

해당 기업의 DNA를 가지고 있는
'닮은 사람'이 선택받는다.

PT 면접은 무엇을 준비해야 하나요?

열심히 작성하여 제출했던 혜진이의 이력서와 자기소개서에 대한 합격 소식이 하나둘씩 들려오기 시작했다. 혜진이는 곧바로 최종 면접 준비를 위해 스터디 모임을 구성했다. 스터디 모임에서는 일대일 면접, 토론 면접, 프레젠테이션(이하 PT) 면접 등을 다양하게 준비했다. 그런데 스터디 모임을 참여하고 있는 친구들과 공통적으로 느끼는 어려움이 바로 PT 면접이라고 토로했다.

"주어진 주제에 대해서 열심히 이야기를 펼쳐놓긴 하는데요. 정리가 잘 안 된 느낌이 들어요. 뭔가 두서없이 말하는 것 같다고 해야 할까요. PT를 통해서 무슨 메시지를 전달하려는 건지 명확하게 느껴지지가 않더라고요. PT 면접은 무엇을 준비해야 하나요?"

내가 기업 인사팀에 속하여 신입사원 공채 면접을 진행할 때의 일이다. 면접이 한참 진행되고 있는 중간에 잠시 쉬는 시간을 가졌다. PT 면접의 평가를 담당했던 한 팀장님께서 잠깐 바람 좀 쐬자며 내게 말을 거셨다. 하루 종일 작은 회의실에 갇혀서 면접관 역할을 수행하는 것도 답답한 일인데, 더 힘든 것은 논리가 없는 지원자들의 PT를 듣고 있는 것이라고 털어놓았다. 도대체 무슨 말을 하고 싶은 것인지 파악할 수가 없어서 좋은 점수를 주기가 어렵다는 것이다. 팀장님은 그렇게 잠시 푸념 아닌 푸념을 늘어놓고 면접장으로 돌아가셨다.

대기업을 그만둔 뒤로 나는 컨설팅 업으로 자리를 옮겨 일하고 있다. 컨설턴트들은 어떤 문제점이나 고민거리를 가지고 있는 고객사들에게 이를 해결하기 위한 아이디어와 솔루션을 제안한다. 제안하는 일을 통해 새로운 사업의 기회를 만들어가는 것이다. 그러다 보니 다양한 PT 사례들을 접할 기회가 많다. 다양한 사례들을 경험하고 듣다 보니 성공하는 PT에는 공통적인 특징이 있음을 알 수 있었다. 그 공통된 특징을 〈A.R.S Model〉이라는 이름으로 정리해 보았다. 성공하는 PT에는 어떠한 비밀이 있을까?

첫째, 명확한 핵심 메시지를 먼저 주장(Argument)한다.
일반적으로 PT는 15분 내외의 짧은 시간 동안 진행된다. 그 정해진 시간 안에 나의 생각과 의견을 효과적으로 전달하여 듣는 이의 마음을 움직여야 한다. 따라서 주어진 시간을 효율적으로 활용해야 하기 때문에 가장 강력한 핵심 메시지를 서두에 던져야 한다. 시작부터 듣는 이의 이목을 사로잡아 집중도를 올려놓아야 하기 때문이다.

둘째, 핵심 메시지를 뒷받침하는 이유(Reason)를 설명한다.

서두에 던진 메시지를 탄탄하게 증명하는 여러 근거를 제시하면서 듣는 이를 설득시킨다. 제시하는 근거로는 객관적인 수치와 관련된 사례들을 다양하게 활용한다. 숫자를 활용하는 것은 주장에 대한 신뢰도를 높여주고, 유사한 사례에 대한 이야기는 듣는 이가 고개를 끄덕이며 공감하도록 만든다.

셋째, 핵심 메시지를 다시 한 번 요약(Summary)한다.

앞서 설명했던 핵심 메시지와 이유 및 근거들을 재정리해 주는 것이다. PT 내내 집중력을 유지한 청중에게는 메시지를 강조하는 효과가 있고, 집중력이 흐트러졌던 이에게는 논점을 마지막으로 상기시켜 주는 것과 같다. 결과적으로 듣는 이들의 완벽한 이해를 돕는다.

최근 베스트셀러가 된 글쓰기 코치 송숙희의 책 『150년 하버드 글쓰기 비법』에서 소개하는 글쓰기 방법론 〈O.R.E.O Map〉도 PT에서 매우 유용하게 활용할 수 있다. 그 내용을 살펴보면 첫째, 의견(Opinion)을 먼저 주장한다. 둘째, 이유와 근거(Reason)를 들어 증명한다. 셋째, 관련된 사례(Example)를 제시한다. 넷째,

다시 의견을 강조하면서 제안(Opinion & Offer)한다. 정리하면 '의견-이유-사례-의견 및 제언'의 구조이다. 이외에도 시중에는 스피치, 프레젠테이션, 글쓰기 방법 등을 소개하는 수많은 도서들이 판매되고 있다. 그중 몇몇 도서들을 골라서 살펴보면 앞서 설명했던 〈A.R.S Model〉이나 〈O.R.E.O Map〉 등과 대동소이하다는 것을 느낄 수 있다.

〈A.R.S Model〉을 기억하며 PT를 준비하자. '주장-이유-요약'의 구조를 지키면서 내용을 전달한다면, 적어도 논리가 없다는 지적은 듣지 않게 될 것이다. 또한 논리적인 구조를 지키기 이전에 자신의 의견을 명확하게 정리하고, 그에 적절한 근거나 사례들을 떠올릴 수 있는 내공이 전제되어야 한다. 그런데 이 내공은 하루아침에 생기지 않는다. 꾸준한 노력을 통해서만 쌓을 수 있다. 평소 관심 있는 분야의 주요 이슈를 선정하여 자신의 생각을 〈A.R.S Model〉이나 〈O.R.E.O Map〉 등의 구조에 맞춰서 글로 작성하자. 논리적으로 작성한 글을 누군가에게 말로 풀어내는 것이 결국 논리적인 PT가 아니겠는가!

Question 1

오늘 저녁 뉴스 프로그램에서 가장 먼저 보도한 이슈는 무엇인가요? 그 내용에 대한 당신의 생각을 하나의 완결형 문장으로 적어봅시다. (ex. ~~~에 관해서 나는 ~~~라고 생각한다.)

Question 2

당신은 그 이슈에 대해서 왜 그렇게 생각하게 되었나요? 당신이 그런 결론을 내린 이유를 세 가지 정도 구체적으로 제시해 보세요.

Question 3

당신이 제시한 이유를 뒷받침할 수 있는 근거도 찾아볼 수 있을까요? 비슷한 사례나 관련된 연구 결과, 통계 조사, 뉴스 기사 혹은 당신의 실제 경험 등을 발굴해 볼까요?

성공하는 프레젠테이션에는
'논리'가 있다.

질문 스물

토론 면접은 어떻게 해야 하나요?

수형이를 보면 '평화주의자'라는 말이 떠오른다. 누군가와 얼굴을 붉히고 대립하는 모습을 좀처럼 보기 힘들다. 타고난 성품 자체가 유순한 편이라서 그런지, 웬만하면 상대방에게 맞추려고 노력한다. 무엇인가 마음에 들지 않더라도 꾹 참고 넘어가는 경우가 많다. 평화주의자 수형이에게 취업 준비 과정의 가장 큰 스트레스는 바로 〈토론 면접〉이었다. 탄탄한 논리로 본인의 생각을 주장하고, 반대되는 의견을 들어야 하는 자리가 불편하다고 했다.

"선배! 토론 면접은 어떻게 해야 하나요? 꼭 말싸움을 하는 것 같아서 불편해요. 면접관이 심판을 보는 말싸움 같잖아요. 말싸움에서 이기면 합격, 지면 불합격 같은 느낌이 들어요."

채용 과정 중에 토론 형태의 면접을 진행하는 기업들이 상당수 존재한다. 토론 면접을 진행하는 방식은 기업마다 조금씩 상이

하겠으나, 일반적으로 면접이 시작되기 직전에 토론의 주제를 현장에서 공개한다. 그리고 그 주제에 대하여 지원자들을 찬성과 반대하는 입장으로 구분하여 자유롭게 서로 의견을 교환하도록 한다. 찬성과 반대의 포지션을 임의로 정해 주는 경우도 있다. 지원자들은 잠깐의 준비시간을 통해 본인 생각을 정리하고 곧바로 토론에 임해야 한다. 별도의 토론 진행자는 없는 편이다. 면접관은 관찰자로서 그저 지원자들이 자발적으로 진행하는 자유 토론을 한쪽에서 조용히 지켜보며 평가에 임한다.

대부분의 지원자들은 교사 중심의 일방적인 주입식 공교육에 길들어 왔기 때문에 토론하는 것에 익숙하지 않다. 실제로 토론 면접이 시작되면 어색한 기운이 돌고, 쭈뼛거리는 분위기가 자주 나타나기도 한다. 많은 지원자들은 이름도 모르는 경쟁자들과 서로 얼굴을 마주보고 앉아 있는 것도 어색한데, 함께 토론까지 하라니 매우 난감하다고 호소한다.

불편한 토론 면접은 어떻게 대처해야 할까?

토론 면접에서 절대 하지 말아야 할 세 가지 행동을 살펴봄으로써 올바른 토론 면접의 기술을 습득하자.

첫째, 침묵하지 말자.

말하는 것보다 듣는 게 중요하다는 인생의 교훈은 평소 인간 관계에서나 적용해야 한다. 토론 면접은 지원자를 채용할지 말지를 결정하기 위해 평가하는 과정이다. 정해진 짧은 시간 동안 본인이 가지고 있는 장점과 매력을 최대한 전달하여 높은 점수를 받아야 한다. 나 자신이라는 상품에 대한 적극적인 세일즈가 필요한 것이다.

경청하는 태도도 보여주는 것은 플러스(plus)지만, 경청만 하는 모습은 마이너스(minus)가 된다. 토론 면접 동안 입을 굳게 닫고 귀만 쫑긋 세우게 되면, 본인의 의견뿐 아니라 취업에 대한 의지조차 없는 사람으로 보일 것이다. 적극적인 의견 제시로 토론을 이끌어가는 모습을 보여주자. 가능하다면 토론의 진행자 역할도 자처하면서 무게의 중심을 본인에게 가져오도록 하자.

둘째, 그렇다고 나대지는 말자.

침묵을 깨고 적극적인 모습을 보여주기 위한 좋은 의도가 지나치면 오히려 부정적인 인상을 줄 수 있다. 나의 뜨거운 '열성(熱誠)'이 드센 '극성(極盛)'으로 여겨지지 않도록 주의가 필요하다. '열성'과 '극성' 사이를 구분하는 기준은 '예절'이다.

반드시 기본적인 토론의 예절은 지키면서 적극적인 모습을 보여주어야 한다. 가령 상대방의 발언을 자르고 중간에 끼어들어간다거나, 집중하지 못하고 딴청을 피우거나, 불필요한 말들을 중언부언하며 장황하게 늘어놓는 모습들은 철저히 배척하자. 이러한 토론 태도를 보인다면 '비호감'으로 여겨지기 십상이다.

셋째, 불편해 하지 말자.

토론 면접 중에는 상대방으로부터 반대 의견도 듣기도 하고,

공격도 받을 수 있다. 이때 당황한 기색을 감추지 못하면서 흥분하거나 얼어버리는 경우가 있는데, 그 순간을 어떻게 넘기느냐가 관건이라고 해도 과언이 아니다. 토론은 원래 어렵고 불편한 자리이다. 나와 다른 생각을 가진 사람과 대화를 주고받는 게 쉬운 일은 아니다. 영어단어 'discuss(토의하다)'의 어원이 '부정'을 의미하는 'dis'와 '원망'을 의미하는 'cuss'가 합쳐진 것이라는 사실을 알고 있는가? 상대방이 반론을 제기해도 원망하지 말라는 속뜻이 담겨 있는 것이다.

열려 있는 마음으로 수용적인 태도를 보여주어야 한다. 상대방의 의견이나 주장에 대해서는 장점을 찾아 인정하고, 그것에 본인의 생각을 추가하여 보완 의견 또는 새로운 제안을 하는 방식으로 토론에 임하자. 더욱 실용적이고 건설적인 방안을 만들어가고자 하는 지혜로운 사람으로 인식될 것이다.

사실 토론 면접은 회사생활의 축소판이라고도 볼 수 있다. 회사생활의 대부분이 어떠한 사안이나 문제를 해결하기 위해서 서로 다른 입장의 이해관계자가 모여 의견을 주고받는 과정들의 연속이기 때문이다. 그 과정 속에는 대립과 충돌도 있고, 이해와 타협하는 모습도 존재한다. 마치 토론을 통해 반대되는 입장들을 조율하고, 더 나은 방안을 모색하는 모습과 매우 비슷하다.

따라서 토론 면접을 통해서 지원자들이 업무 현장에서 다른 이해관계자들과 어떻게 협업을 해나갈 사람인지 미리 가늠해 보는 것이다. 실제로 토론 면접에서의 평가 항목도 이를 반영하고 있다. 지원자가 얼마나 논리적으로 자신의 주장을 제기하는지, 상대방에게 열려 있는 태도를 가지고 있는지, 대립의 상황을 어떻게 해결해 가는지 등등 협업을 위해 필요한 다양한 모습들을 평가한다.

즉, 토론 면접에서는 협업을 잘 이끌어갈 사람이라는 기대감을 심어줘야 한다. 적극적으로 본인의 의견을 제시하되, 기본적인 예절은 철저히 준수하도록 하자. 상대방의 반대되는 의견에는 대립하거나 방어만 하지 말고, 긍정적인 시각으로 수용하고 더 나은 개선 포인트를 발굴하여 제시하는 열린 사고를 발휘하자. 토론은 이겨야 하는 말싸움이 아니다. 시너지(synergy)를 만들어가는 건설적 대화임을 기억하며 토론 면접에 임하도록 하자.

성장을 이끄는 코칭 질문 20

Question 1
당신이 적극적으로 경청하고 있음을 인식시키기 위한 방법에는 무엇이 있을까요?
상대방이 이야기할 때 당신은 어떤 표정, 어떤 자세, 어떤 반응을 보여야 할까요?

Question 2
청중이 당신의 이야기에 집중하게 만들기 위해서는 어떻게 말해야 할까요? 목소리
크기와 빠르기는 어느 정도가 적당할까요? 내용은 어떤 순서로, 표정은 어떻게
해야 효과적일까요?

Question 3
반대를 하거나 거절해야 하는 등 부정적인 이야기를 전달해야 할 경우, 상대방의
감정이 상하지 않도록 하기 위해서는 어떤 방법들이 있을까요?

토론은 협업을 만들어가는
건설적 대화이다.

?

5장

그 밖의 성장을 위한 질문들

- 취업을 위해 외모가 중요한가요
- 좋은 직장은 어떤 곳인가요
- 일을 잘하는 방법은 무엇인가요
- 출근이 기다려지는 즐거운 직장도 있을까요
- 이제 그만 포기해야 할까요

질문 스물하나

취업을 위해 외모가 중요한가요?

평소 불의를 참지 못하는 성격의 성진이가 잔뜩 화가 난 듯 씩씩거리면서 나를 찾아왔다. 우연히 뉴스를 보았는데, 모 기업의 신입사원 채용 면접 자리에서 면접관들이 지원자들의 외모에 대해 품평하듯 지적을 했다는 것이다. 심지어 구직자를 대상으로 설문조사를 해보니, 취업 과정에서 외모지상주의를 느꼈다고 대답한 비율이 상당하다는 것이다. 성진이는 얼굴이 빨갛게 될 정도로 열을 올리면서 이야기를 이어갔다.

"잘생기고 예쁘면 당연히 좋겠죠. 그런데 얼굴로 일하는 게 아니잖아요. 필요한 능력이 있는지를 평가해야지, 외모는 왜 따져요? 선배! 취업하려면 진짜로 외모가 중요한가요?"

세상에는 개인이 스스로 선택할 수 없는 것들이 있다. 태어날 때부터 가지게 되는 성별, 인종, 국가, 외모 등이 그러하다. 본인의 노력으로 어찌할 수 없는 타고난 속성들로 인하여 채용 과정에서 차별이 발생하는 일은 없어야 한다. 근로기준법 상에서도 해당 업무의 종류나 그 수행 조건이 특수하여 어쩔 수 없이 필요하다고 인정받는 경우를 제외하고는 차별을 금지하고 있다.

그러나 취업 시장에서의 현실은 매우 안타깝다. 실질적인 직무의 내용과는 별 상관도 없이 '용모단정'이라는 채용 조건을 여기저기에서 쉽게 발견할 수 있다. 심지어 몇몇 성형외과에서는 취업준비생을 위한 전용 패키지 상품을 기획하여 프로모션하기도 한다. 다양한 차별 금지의 노력에도 불구하고, 외모지상주의는 채용 과정에서 여전히 존재하는 것이 사실이다.

외모가 채용의 과정에서 여전히 큰 영향력을 발휘하는 이유는 무엇일까? 바로 많은 면접관들이 '첫인상에 의지하는 평가'를 하고 있기 때문이다. 첫인상에 의지하는 평가는 채용 과정에서 면접관들이 가장 많이 범하는 실수 중 하나이다. 일반적으로 면접관들은 면접이 시작된 초기 약 20~30분 동안 지원자로부터 받는 다양한 느낌을 통해 첫인상을 형성하게 된다.

미국의 채용 전문가인 루 아들러(Lou Adler)는 그의 저서 『100% 성공하는 채용과 면접의 기술』에서 첫인상이 형성되는 초기 30분을 '결정의 순간'이라고 표현한다. 그에 따르면, 많은 면접관들이 이 결정의 순간에 느꼈던 지원자의 첫인상에 영향을 받아 다양한 평가의 오류를 발생시킨다고 지적하였다.

가령 면접관이 어떠한 지원자로부터 부정적인 첫인상을 받았다면, 그 지원자가 조직에 적합하지 않은 인물이라는 이유를 밝혀내려는 경향을 가지게 되는 것이다. 자신의 부정적인 '인식'을 '확신'으로 굳히기 위한 증거를 찾고자, 가급적 지원자의 긍정적인 요소보다는 부정적인 요소에 더욱 집중을 하게 된다. 이와 반대로 지원자에 대해서 긍정적인 첫인상을 가지고 면접에 임한다면, 부정적인 요소는 그다지 대수롭지 않게 여기고, 긍정적인 요소에 보다 집중하는 관대함을 보이는 것이다. 결국 면접관이 자신의 인식에 따라서 보고 싶은 것만 보고, 듣고 싶은 것만 듣게 되는 '선택적 지각'을 하는 오류가 발생하는 것이다. '미운 놈은 뭘 해도 밉다'라는 말이 딱 어울리는 상황이다. '미운 놈에게 떡 하나 더 준다'라던 옛말은 정말로 옛날의 말이 되어버렸다.

사실 아름다운 것에 호감이 가고 마음이 더욱 끌리는 것은, 인간의 본능적인 욕구에 가깝다. 아직 인지 능력을 갖추지 못한 영유아도 준수한 외모의 유모를 더 선호한다는 다소 씁쓸한 실험 결과도 있다. 따라서 면접관도 인간이기 때문에 지원자의 첫인상에 사로잡혀 비이성적으로 판단하는 오류를 마냥 비난만 할 수는 없다. 더구나 준수한 외모가 사람이 가지는 하나의 경쟁력이라고 주장하는 사람들도 상당히 많다. 받아들이기 불편하지만, 외모의 영향력이 크다는 게 사실이라면 취업준비생들은 어떻게 대처해야 할까? 틈틈이 모은 용돈으로 성형외과에서 견적 상담이라도 받아야 하는 것일까?

앞서 설명한 '면접관들이 자주 범하는 오류'가 〈'외모'에 의지하는 평가〉가 아닌 〈'첫인상'에 의지하는 평가〉라는 점을 기억하자. 사람에게는 저마다 풍기는 고유의 분위기와 느낌이라는 것이 존재한다. 정확하게 말로 표현할 수는 없지만 사람마다 전달되는 에너지는 모두 다르다. 가까운 주변 사람들을 떠올려보자. 누군가는 늘 에너지가 넘치고, 누군가는 차분하다. 다소 차가운 사람이 있는가 하면, 온정이 넘쳐 따스함이 느껴지는 사람도 있다. '백인백색(百人百色)'이라는 말과 같이 저마다 각자의 색깔을 가지고 있다.

이처럼 각자에게서 전해지는 특유의 분위기와 느낌들을 우리는 '인상'이라고 부른다. 사람의 첫인상은 일반적으로 만난 지 몇 초 혹은 몇 분이라는 짧은 시간 동안 형성된다고 한다. 그리고 그 인상은 우리들의 내면에서 그 사람을 판단하는 일종의 프레임(Frame)으로 자리하게 된다. 미운 놈은 뭘 해도 밉게 보이는 이유가 바로 프레임 때문이다. 따라서 상대방이 가급적 나에 대한 긍정적 프레임을 가질 수 있도록, 긍정적 인상을 형성해야 한다.

사람의 인상은 '태도', '자세', '표정', '언어', '말투', '복장', '상황' 등 단지 '외모'만이 아니라 다양한 요소들이 복합적으로 어울려져서 형성된다. 그렇다면 상대방에게 호감과 신뢰를 주는 긍정적인 인상은 어떻게 형성할 수 있을까? 인상을 형성하는 주요 요소들을 중심으로 면접관에게 긍정적인 첫인상을 전달하기 위한 가장 기본적인 방법들을 살펴보자.

첫째, 반드시 인사를 하자.

사람의 인상은 처음 만나게 되는 순간 3초 안에 결정된다고 한다. 면접장에 들어서는 순간 예의 바른 인사를 건네도록 하자. 정확하게 눈을 마주치고, 밝은 목소리와 함께한다면 더더욱 좋다. 밝은 인사는 면접장 분위기를 보다 부드럽게 만들어줄 수도 있다. 또한 여러 명의 지원자가 동시에 들어간 상황에서는 인사로 인해서 면접관들의 시선이 집중될 수도 있다. 인사를 통해 기본적인 매너가 습관이 된 사람이라는 인식도 전달할 수 있다.

둘째, 자연스러운 미소를 유지하자.

사람의 얼굴에는 약 60여 개의 근육이 있고, 이중 표정을 나타내는 근육은 35개 정도 된다고 한다. 미소는 표정을 나타내는 35개 근육들이 움직여서 나타나는 조화이다. 꾸준히 운동하면 근육이 발달하듯 미소도 연습할수록 더욱 자연스러워진다. 평상시 거울 앞에서 최대한 많은 근육을 활용하여 미소를 연습하도록 하자. 사람 좋아 보이는 웃는 인상은 후천적 노력으로 얼마든지 만들 수 있다.

셋째, 명확한 말투로 이야기하자.

긴장감에 억눌려 본인도 모르게 말끝을 흐리는 경우가 있다. 말끝을 흐리면 의기소침해 보이고, 자신감도 부족하며, 무슨 말을 하고 있는지 알아듣기도 힘들다. 좋은 게 하나도 없다. 목소리에도 얼굴이 있다고 한다. 어조, 억양, 말의 속도 등을 점검하자. 가장 확실한 방법은, 본인 목소리를 녹음하여 직접 들어보는 것이다. 나도 몰랐던 내 목소리의 장점과 단점 그리고 개선해야 할 점이 명확하게 드러날 것이다.

앞서 설명했듯 태도와 미소, 말투, 이 세 가지만 신경을 쓰더라도 사람의 첫인상에 긍정적인 영향을 준다. 그리고 인상의 변화를 실질적으로 경험하기 위해서는 꾸준함이 필요하다. 오랜 생활의 익숙함으로 인해 몸에 배어 있는 태도, 미소, 말투는 결코 쉽게 바뀌지 않기 때문이다. 또한 사람의 인상은 당장 취업만을 위해서가 아니라 평생을 따라다니는 정체성이다. 그렇다면 긍정적인 인상 형성을 위하여 그동안의 익숙함에서 벗어나 불편함을 감내할 만한 가치가 충분하지 않을까?

Question 1

오늘 하루 동안 당신이 마주친 사람들에게 먼저 인사를 건넨 건 몇 번인가요?
인사를 할 때마다 당신은 어떤 표정으로 어떤 인사말을 했나요?

Question 2

당신이 가장 좋아하는 색깔은 무엇인가요? 사람들이 당신에게 가장 잘 어울린다고
말해 주는 색깔은 무엇인가요?

Question 3

당신이 생각하는 당신의 첫인상과 주변에서 말하는 당신의 첫인상은 어떤
모습인가요? 두 모습에는 어떤 차이가 있나요? 당신은 어떤 쪽이 더 마음에
드나요?

아름다운 '외모'가 아닌
긍정적인 '인상'이 중요하다.

질문 스물둘

좋은 직장은 어떤 곳인가요?

문성이는 요즘 행복한 고민에 빠져 있다. 고생 끝에 낙이 온다더니 취업 재수 끝에 여러 기업으로부터 합격 통보를 받았다. 요즘과 같은 취업 전쟁에 어느 기업에서 첫 사회생활을 할지를 선택할 수 있는 특권이 주어진 것이다. 아직 취업 준비 중인 친구들로부터 부러움을 사고 있지만, 한편으로는 생각이 복잡하다며 말을 꺼내놓기 시작했다.

"한 군데만 합격했다면 고민할 필요도 없이 감사한 마음으로 입사했을 텐데요. 감사하게도 선택지가 주어지니 고민이 많아져요. 배부른 소리겠지만, 어떤 직장을 선택하는 게 가장 좋을지 정말 고민이에요. 어느 곳이 더 좋은지 한눈에 딱! 알 수 있다면 한결 결정이 쉬울 것 같은데 말이에요. 좋은 직장은 어떤 곳일까요?"

완벽한 직장이 있다면 어떤 모습일까? 상상을 한 번 해보자.

180

편안한 일을 하면서 높은 보상을 받고, 미래 전망이 매우 밝으면서도 안정적인 비즈니스 모델을 갖춘 곳! 동료들과 협업하는 분위기 속에서 웃으며 일하고, 매일 정시 퇴근하여 저녁이 있는 삶을 가질 수 있는 곳! 이런 '꿈같은 직장'은 존재할까? 안타깝게도 '꿈같은 직장'은 정말 '꿈'에서나 만날 수 있다고 생각한다.

수많은 사람들과 만나 직장생활에 대한 이야기를 나누어 보았 지만, 이런 직장을 다닌다는 사람을 단 한 번도 만나보지 못했다. 앞으로도 평생 못 만날 가능성이 크다. 대부분은 자신의 직장에 대해 불평불만을 늘어놓기에 바쁘기 때문이다. 좋은 점을 이야기하는 경우는 월급을 주는 사장님들을 제외하고는 거의 없다.

직장생활의 만족을 위한 모든 조건을 충족시키는 직장은, 단언컨대 없다. 돈을 많이 주면 일이 힘들거나 어렵다. 퇴근시간이 너무 늦어서 열심히 번 돈을 쓸 시간이 없다고 하소연하기도 한다. 반대로 일이 편하고 쉬우면 처우가 다소 아쉬운 경우가 많다. 일을 통해 무언가 배우고 성장한다는 느낌을 받기도 어렵다. 만약 일이 힘든데 처우까지 아쉽다면, 정말 안타까운 상황일 것이다. '좋은 직장'을 판단하기 위한 절대적인 기준을 정하는 일은 참으로 애매하고 어렵다.

'좋은 직장'을 구분하는 조건은 상대적이다. 그러므로 좋은 직장인지 아닌지를 판단할 수 있는 '나만의 기준'이 필요하다.

그렇다면 '나만의 기준'은 어떻게 세울 수 있을까? 만족스러운 직장생활을 위해서 필요하다고 생각하는 요인들을 자유롭게 떠올려보자. 예를 들면 가장 기본적으로 충분한 급여와 인센티브 등의 물질적인 보상이 필요하겠다. 교통이 편안한 사무실 위치나 다양한 복리후생도 직장생활의 만족도를 높일 것이다. 이외에도 동료와의 원만한 관계, 휴가 사용의 자유로움, 체계적인 교육제도 등 직장생활의 만족도를 높여주는 요소들은 매우 다양하다.

이번에는 떠올린 것들 중 본인이 중요하다고 생각하는 순서대로 우선순위를 나열해 보자. 그리고 다른 조건들은 다 양보를 하더라도 이것만큼은 절대 포기할 수 없다고 생각하는 중요한 요소를 몇 가지 골라보자. 이거 하나만 충족된다면 어떻게든 나름 버틸 만한 가치가 있다고 여겨지는 것 말이다. 누군가는 '급여'를, 누군가는 '안정성'을 절대적인 가치로 선택할 것이다. 그 선택은 완전히 자유롭다. 각자가 추구하는 삶의 방향성이 모두 다르기 때문이다. 단 하나의 정답이 없는 게 당연하다. 당신은 무엇이 가장 중요한가? 절대 포기할 수 없는 '나만의 만족 요소'가 좋은 직장을 판단하는 '나만의 기준'이 될 수 있다.

나는 지금 세 번째 직장을 다니고 있다. 앞선 두 번의 직장생활을 그만두게 된 이유를 되돌아보면, 절대 양보할 수 없는 조건 몇 가지를 빼앗겼기 때문이었다. 한 곳에서는 일이 너무 편안하고 쉬웠다. 전반적으로 이미 잘 세팅되어 있는 일들이 잘 돌아가도록 반복적인 관리의 성격이 강한 조직이었다. 안정적인 문화라서 별일 없이 자리를 지키고 앉아 있어도 때가 되면 승진도 시켜주고, 월급 밀릴 일도 없는 분위기였다. 그런데 늘 불만족스러웠다. 내 입에서 불평이 떠나질 않았다. 일을 통해 성장하고 있다는 느낌을 전혀 받을 수 없었기 때문이었다.

또 다른 한 곳에서는 늘 도전적인 일들이 주어지고, 그에 상응하는 높은 보상도 받았다. 그런데 문제는 주말 근무가 불가피하다는 점이었다. 더욱이 수직적인 문화도 심해서 소위 말하는 '꼰대'들이 우글우글했다. 야근도 강요하는 분위기였다. 저녁시간과 주말을 회사에 빼앗기다 보니 가족과 함께할 수 있는 시간이 현저히 줄어들었다. 사무실에서 받은 스트레스의 부정적 여파가 가족들에게도 흐르는 듯했다.

정리하면, 한 곳에서는 '일을 통한 성장'을 느끼지 못해서, 그리고 다른 한 곳에서는 '가족과 함께하는 시간'을 확보할 수 없어서 그만두었다. 내게는 이 두 가지가 절대 포기할 수 없는 가장 중요한 만족 요소이면서, 좋은 직장에 대한 판단 기준이었다. 감사하게도 나의 세 번째 직장에서는 내게 가장 소중한 두 가지 만족 요소를 충족시킬 수 있었다.

중국의 고대 사상서 『한비자(韓非子)』에서는 용의 비늘 중

거꾸로 된 비늘인 '역린(逆鱗)'에 대해 이야기한다. 왕의 치명적인 약점을 의미하는데, 우리에게 보다 친숙한 단어 중 비슷한 뜻을 찾아본다면 '아킬레스건'이나 '급소' 정도를 예로 들 수 있겠다. 직장생활에도 '역린'은 누구에게나 존재한다. 그리고 그 '역린'의 모습은 매우 다양하다. '좋은 직장'이 될 수 있는 다른 모든 조건들이 충족되더라도, '역린'과 같은 결정적인 요소 하나가 채워지지 않는다면 무의미해질 수 있다.

여가생활이 가장 중요하다는 사람에게 개인의 시간을 빼앗으면서 야근수당, 특근수당, 주말수당 등등의 제아무리 많은 돈을 챙겨준들 무슨 소용이 있겠는가? 마치 밑 빠진 독에 물을 붓고 있는 느낌이다. 아무리 채워도 갈급함이 남아 있게 된다. 결국 채워지지 않는 갈증을 해소하기 위해 다른 곳을 기웃거리게 될 것이다. 이거 하나 침해당한다면 당장 그만둘 정도로 나에게 소중한 것이 무엇인지 고민해 보자. 마치 '역린'과도 같은 절대적인 요소가 '좋은 직장'을 판단하기 위한 '나만의 기준'이 되어야 할 것이다.

성장을 이끄는 코칭 질문 22

Question 1
지금 당신의 삶에서 결코 포기할 수 없는 게 있다면 무엇인가요? 그것은 당신의 삶에 어떤 의미를 가지고 있나요?

Question 2
도저히 견뎌낼 수 없었던 괴로운 순간이 있었나요? 그 원인은 무엇이었나요? 만약 그때로 다시 돌아간다면 상황을 개선하기 위해 바로잡고 싶은 것이 있나요?

Question 3
당신이 한 회사를 이끌어가는 대표 역할을 맡는다면, 직원들을 위해서 가장 신경 쓰고 싶은 부분은 무엇인가요?

지혜로운 판단을 위한
나만의 기준을 세우자.

일을 잘하는 방법은 무엇인가요?

신입사원 연수 프로그램 입소를 일주일 앞두고 있는 지민이를 만났다. 공채 합격을 축하하고, 연수도 잘 다녀오라는 격려를 건네기 위해 식사자리를 가진 것이다. 식사 내내 지민이는 싱글벙글했다. 직장인으로서의 첫 출발이 무척이나 설레는 모양이었다. 약 1개월 정도 예정된 연수 프로그램에서는 어떤 교육을 듣게 될지, 어떤 동기들을 만나게 될지 기대된다고 말했다. 지민이는 신입사원다운 뜨거운 열정을 쏟아내면서 대화를 이어갔다.

"연수가 끝나고 나면 곧바로 부서 배치를 받게 된다고 해요. 정말 잘 해보려고요. 정말 어렵게 합격한 첫 번째 직장이잖아요. 직장 선배들에게 일 잘하는 신입사원이라고 인정받고 싶어요. 선배! 혹시 일을 잘하기 위한 특별한 방법이 있을까요?"

회사는 구성원 개개인들이 모여 공동의 목적을 달성하기 위해 함께 노력을 기울이는 집단이다. 여럿이 함께 움직이는 유기적인 조직의 성격을 가졌다. 다양한 사람들이 함께 일하기 위해서 반드시 필요한 것이 바로 '규칙'이다. 따라서 회사에서 일을 잘하기 위해서는 가장 기본적으로 조직 내 합의되어 있는 규칙을 빠르게 파악해야 한다.

사실 기업뿐 아니라 여럿이 모여서 무엇인가를 형성하거나 행동할 때에는 반드시 규칙이 존재한다. 민주주의 국가에는 '헌법'이 있고, 군대에는 '군법'이 있다. 학생들이 모이는 학교에는 '학칙'이 있으며, 심지어 단순히 친목을 위해 모이는 동호회 모임 등에도 '회칙'이라는 것이 있지 않은가!

다시 기업으로 돌아와 살펴보면, 기업에도 다양한 규칙이 존재한다. 기본적으로 각 기업마다 사용자와 근로자가 함께 준수해야 할 '취업 규칙'을 가지고 있다. 또한 일하는 방법에도 규칙이 존재한다. 통상적으로 이를 '워크웨이(Work Way)'라고 부른다.

'워크웨이'는 임직원들끼리 일할 때 함께 지키기로 합의한 행동의 약속이다. 기업마다 '사규', '내규', '행동강령', '매뉴얼' 등의 다양한 이름으로 불리기도 한다. '워크웨이'는 모든 기업에 반드시 존재한다. 명문화되어 있지 않더라도 구성원들 간의 암묵적인 합의로써 업무 프로세스 전반에 반영되어 있다. '워크웨이'에 대하여 잘 설명하고 있는 예시를 하나 살펴보자.

TV 드라마로도 제작되어 큰 인기를 끌었던 웹툰 〈미생(未生)〉을 본 적이 있는가? 〈미생〉은 직장인들의 모습을 꽤나 사실적으로 묘사하여 많은 사람들로부터 큰 사랑과 공감을 얻었다. 〈미생〉에서는 모든 것이 부족한 인턴사원 '장그래'가 직장인으로서 점차 성장해 가는 과정을 그리고 있다. 등장하는 인물들의 대사와 장면 하나하나가 직장생활의 애환을 잘 담아내고 있는데, 그중 기억에 남는 장면 하나를 소개한다.

영업 3팀에 배치된 주인공 '장그래'는 어색하게 눈치를 보면서 불편한 듯 사무실 자리를 지키고 있다. 그러던 중 드디어 팀의 리더인 '오상식 과장(이하 오 과장)'으로부터 첫 번째 업무를 받게 된다. '오 과장'은 '장그래'에게 정리되지 않은 자료들을 던져주면서 폴더에 정리를 해보라고 지시한다.

'장그래'는 오랜 고민 끝에 파일과 폴더들을 정리해 놓는다. 정리가 필요한 파일의 내용과 업무의 성격 등을 고려하여 자기 나름대로의 기준을 세운 것이다. 그리고 '장그래'는 열심히 정리한 자료들을 '오 과장'에게 조심스럽게 제출한다. 첫 번째 업무였던 만큼 열심히 고민도 했기에 칭찬과 수고했다는 격려를 기대했을 것이다. 그러나 '오 과장'의 반응은 싸늘하기만 하다. 결국 '장그래'에게 돌아온 말은

"혼자 쓴 일기를 보는 느낌이다!"였다. 과연 무엇이 문제였을까?

어리둥절한 '장그래'에게 답을 준 건 바로 사수인 '김동식 대리(이하 김 대리)'였다. '김 대리'의 설명은 다음과 같았다. '오 과장'이 '장그래'에게 건네주며 정리를 지시했던 자료들에는 기존 '폴더트리(Folder Tree)'가 있었다. 기존 '폴더트리'는 '회사 매뉴얼'에 따른 것이며, 이는 모두가 이해하고 약속했다는 의미였다. 따라서 개인이 마음대로 바꿔놓으면 다른 구성원들이 제대로 일을 할 수 없게 된다. 그리고 회사 일은 혼자서 하는 것이 아니라는 점을 항상 기억하라는 당부를 한다. '김 대리'의 설명을 들은 뒤에야 '장그래'는 사무실에서 함께 일하고 있는 다른 동료들의 모습이 눈에 들어오기 시작한다.

'워크웨이'와 같은 회사 내 규칙들은 구성원들끼리 서로 '합의'가 되어 있다는 것에 가장 중요한 의미가 있다. 조직 구성원들의 모든 의사 결정과 행동들은 '워크웨이'라는 규칙 안에서 진행하기로 합의했기 때문에 효율성을 확보할 수 있게 된다. 각 업무 상황마다 어떻게 행동해야 할지를 미리 정해 놓음으로써 불필요하게 발생되는 혼선과 낭비를 제거하는 것이다. 구성원들 사이의 시너지를 발휘하기 위해 필요한, 가장 일치된 방향성의 가장 기초적인 환경을 조성한다고 볼 수 있다. 그런데 누군가가 제멋대로 이 약속들을 어긴다면 어떻게 되겠는가? 제아무리 뛰어나고 훌륭한 아이디어라고 할지라도 구성원들로부터 합의를 얻지 못한 상태로 진행된다면, 이는 결국 '혼자 쓴 일기'가 되어버리고 만다.

그렇다면 내가 하는 일이 '혼자 쓴 일기'가 되어버리지 않기 위해서는 어떻게 해야 할까? 답은 간단하다. 바로 질문을 하는 것이다. 질문을 통해 우리 회사와 부서의 '워크웨이'를 정확하게 파악해야 한다. 일단 어떤 업무를 지시받았다면, 실행으로 옮기기 전에 질문을 해야 한다. 무엇을 하라는 것인지, 어떤 방법으로 해야 하는지, 참고할 자료는 어디에 있는지, 언제까지 해야 하는지 등을 물어보고 확인해야 한다. 여기서 끝이 아니다. 실행으로 옮긴 후에도 질문을 해야 한다. 작업을 시작한 지 중간 정도 됐을 때, 점검을 위해 다시 한 번 물어보는 것이다. 이렇게 하는 것이 맞는지, 지시와 다르게 하고 있는 것은 없는지, 수정해야 할 것은 없는지 확인을 받아야 한다.

누군가는 질문이 너무 많으면 귀찮아하거나 짜증을 내지 않겠냐고 묻기도 한다. 사람마다 성향이 다르니 그럴 수도 있다. 그런데 일을 전혀 엉뚱하게 해놨다고 혼쭐이 나고, 다시 정정해야 하는 헛수고를 하는 것보다 몇 차례 질문을 통해 한 번에 처리하는 것이 훨씬 스마트한 것 아닐까?

혹시 질문이 많으면 상대방이 불편해 할까 봐 걱정스러운가? 한 연구 결과에 따르면 질문에는 특별한 힘이 있다고 한다. 질문이 많을수록 사람에 대한 호감도가 올라가고, 심지어 정보 교환이 많아져 학습의 효과까지 있다는 것이다(Alison Wood Brooks & Leslie K. John, Harvard Business Review, June 2018).

그러니 걱정 말고 편하게 하나하나 물어가면서 일을 진행하자. 질문을 잘 하는 사람이 일도 잘한다.

Question 1

새로운 조직에 들어간 당신은 낯선 환경에서 잘 알지 못하는 사람들과 생활하게 되었습니다. 새로운 환경에 빠르게 적응하기 위한 방법이 있을까요?

Question 2

상사로부터 어떤 일을 지시받을 때, 당신이 사전에 반드시 물어보고 확인해야 할 사항들은 무엇인가요? 그것을 물어보았을 때와 물어보지 않았을 때에는 어떤 차이가 있을까요?

Question 3

일을 신속하게 처리하기 위해 당신에게 필요한 노력은 무엇인가요? 또한 정확한 일 처리를 위해 필요한 노력은 무엇인가요? 신속함과 정확함을 동시에 달성할 수 있나요?

구성원들과의 약속
'워크웨이(Work Way)'를 파악하자.

출근이 기다려지는 즐거운 직장도 있을까요?

동원이는 얼마 전 경영학부의 한 수업시간에 조별과제를 실시하게
되었다. 선진 기업들의 조직문화에 대한 사례를 분석해서 발표하는
과제였다. 3학년인 동원이는 내년부터 본격적으로 취업을 도전해야
하는 상황이다. 그렇기 때문에 조직문화와 관련된 다양한 자료를 그
어느 때보다 더욱 열심히 찾아보았다고 했다.

"자료들을 찾아보니 실리콘밸리에 있는 회사들은 사무실이 마치
놀이터 같다고 하더라고요. 나중에 제가 다닐 회사도 구글처럼
자유롭고 재미있는 문화였으면 좋겠어요. 그런데 우리나라에
구글같이 출근이 기다려지는 즐거운 직장도 있을까요?"

과거 대중들로부터 큰 인기를 끌었던 TV 프로그램이 있었다.
바로 '청춘 시트콤'이라는 장르이다. 당시에 신인배우였던 '조인성',
'장나라', '한예슬', '현빈' 등이 출연한 〈논스톱〉이라는 시리즈가

가장 대표적인 프로그램이었다. 청춘 시트콤은 캠퍼스에서 펼쳐지는 대학생들의 다양한 에피소드를 재미있게 연출하면서 매우 인기가 높았다. 특히, 아직 대학생활을 접해 보지 못한 청소년들에게는 심각한 판타지를 심어주었다. '대학교에 입학하면 매일 즐거운 일들이 가득하구나!', '대학교에서는 저렇게 예쁘고 멋진 친구들과 신나는 일상을 보내는구나!' 하는 온갖 기대감 말이다. 나는 이를 '논스톱 판타지'라고 부른다.

논스톱 판타지는 대학교 진학을 위한 동기부여 장치로써 매우 강력한 효과가 있었다. 그러나 입학 후 이것이 현실과 얼마나 동떨어진 왜곡된 이야기였는지를 깨닫는 데는 그리 오래 걸리지 않았다. 말도 안 되는 분량의 시험범위, 제출 기한이 줄줄이 겹치는 과제들, 무임승차와 눈치 싸움이 가득한 팀 프로젝트 등 대학생활의 현실은 기대와 많이 달랐다.

그렇다면 직장생활은 어떨까? 논스톱 판타지 속 대학생활처럼 매일 아침 출근이 기다려지는 즐거운 직장, 업무가 너무 재미있어서 퇴근시간이 아쉬운 직장도 있을까? 애초에 직장생활에 이런 판타지를 가진 사람도 거의 없겠지만, 단언컨대 그런 직장은 없다. 직장생활의 본질 자체가 도무지 재미있거나 즐거울 수 없기 때문이다. 그래도 요즘 많은 기업들이 유연한 조직문화, 즐거운 분위기 등을 조성하려고 노력하고 있다는데, 내가 너무 단호하게 말하는 것처럼 느껴지는가?

이렇게나 내가 '애초에 직장생활이 재미있을 수 없다'고 단언하는 이유는 무엇일까?

나는 롯데그룹 73기 공채로 입사하여 약 1개월의 기간 동안 동기들과 합숙하며 신입사원 교육을 받았다. 합숙 기간 동안 정말 다양한 교육을 받았는데, 그중 전영민 인재개발원장께서 진행했던 특강 내용이 수년이 지난 지금까지도 생생하게 남아 있다. 신입사원으로서 직장생활에 대한 나름의 로망을 그리고 있던 나에게 찬물을 끼얹은 강연이었기 때문이다.

그의 강연 중에는 '극장과 직장의 차이'라는 내용이 있었는데, 사회초년생인 나에게 직장이 어떤 곳인지 쉽게 이해시켜 주었다. 그의 논리를 빌려 직장생활이 절대 재미있을 수 없는 이유를 간단히 설명하고자 한다.

나와 아내는 주말이 되면 가끔씩 근처에 계시는 부모님에게 아이를 맡겨놓고 극장에 다녀온다. 두 사람 모두 영화 보는 것을 매우 좋아하기 때문이다. 우리는 선호하는 자리를 확보하기 위해서 예매를 통해 미리 티켓을 구매한다. 요즘은 극장 관람료가 꽤나 비싸져서 멤버십 등 이런저런 할인을 받더라도 최소한 인당 1만 원은 지불해야 한다. 생일이나 결혼기념일처럼 조금 특별한 날에는, 추가로 비용을 더 지불하여 특별 상영관을 이용하거나 일반 좌석을 업그레이드할 때도 있다. 확실히 비싼 만큼 좌석도 넓고, 화면이 나오는 스크린도 영화를 즐기기에 좋다.

더욱 즐거운 영화 관람을 위해서는 팝콘 콤보 세트도 빼놓을 수 없다. 이를 구매하기 위해 또 약 1만 원을 추가로 지불한다. 일반적으로 우리 부부는 영화관에서 약 3~4만 원을 지불하고 즐거운 시간을 보낸다. 다시 말하면, '돈'을 내고 '즐거움'을 구매한다고도 볼 수 있다. 내 귀한 돈을 냈기 때문에 마음 편히 즐거울 수 있었던 것이다.

이제 극장에서 직장으로 돌아와서 생각해 보자. 길고 복잡할 것도 없이 딱 하나만 생각해 보면 된다. 극장에서 우리 부부가 마음 편히 즐거울 수 있었던 건 돈을 지불했기 때문이다. 바로 이 돈을 직장에서는 누가 내고 있는지 생각하면 된다. 직장에서 우리는 극장과는 반대로 '월급'이라는 형태로 돈을 받게 된다. 여기서 돈을 내는 주체는 누구인가? 내가 아닌 '사장님'이다.

즉, 극장과 직장의 결정적 차이점은 돈을 '내는 것'과 '받는 것'이다. 그렇다면 직장에서 즐거울 수 있는 사람은 누가 되겠는가? 슬프지만 돈을 주고 있는 사장님만 즐거울 확률이 높지 않을까? 우리는 돈을 받는 것에 대한 반대급부로써 감정과 시간, 노력, 고민, 책임 등을 직장에 제공해야 한다. 취업 이후 우리들이 마주할 직장생활이 애초에 재미있을 수 없는 이유이다.

그렇다면 돈을 받는다는 이유로, 하루하루 착취당하는 기분으로 우울한 인생을 살아야만 하는 것일까? 고단한 직장생활을 나름 잘 보낼 수 있는 묘안은 어디에도 없을까? 그렇지 않다. 팍팍한 직장생활 속에서도 건강한 정신으로 즐거운 인생을 살아가는 사람들이 존재한다. 그들과 대화를 나누어보고 지내온 발자취를 살펴보면, 힘든 직장생활 속에서도 지속적으로 '성장의 즐거움'을 만들어간다는 것을 알 수 있다. 특히 이들은 본인이 성장하는 과정을 직접 눈으로 확인할 수 있도록 '성장의 흔적'을 남기는 습관을 가지고 있다.

국내 대기업의 한 계열사에서 오랫동안 물류 업무를 담당해 온 이민우(가명) 부장은 본인이 맡은 업무 내용을 자신만의 매뉴얼로 정리해 놓는 습관을 가지고 있다. 사원 시절에는 사소하고 단순한 업무가 많았지만, 연차가 쌓이면서 담당하는 업무도 점차 중요한 프로젝트 규모로 커지게 되었다. 업무 중요도가 높아지면서 그가 정리해 놓는 매뉴얼 역시 점점 가치가 높아졌다. 프로젝트를 수행하며 그가 겪은 시행착오와 주의사항 등 자신만의 업무 노하우가 오롯이 담긴 하나의 교과서가 만들어진 것이다.

그는 파워포인트를 활용해서 교안의 형태로 매뉴얼을 만들어 왔는데, 이는 본인뿐 아니라 같은 직종에 종사하는 다른 사람들에게도 큰 도움이 되었다. 그의 매뉴얼에는 학교에서 배울 수 없는 현장의 생생한 이야기를 담고 있었기 때문이다. 그 결과, 여러 교육기관들이 그를 산업 강사로 초빙하기도 하였다. 지금도 그는

한 회사의 물류부서 책임자이자 강사 활동을 병행하면서 성장의
즐거움을 만들어가고 있다.

KT&G에서 인재개발원장을 역임했고, 현재는 HR 컨설턴트로
활동하고 있는 홍석환 대표도 성장의 흔적을 남기는 습관을 가진
사람이다. 우연히 그의 특강을 들은 적이 있는데, 그는 매년 자신의
이력서에 새로운 한 줄을 새기거나, 기존 한 줄을 갱신한다는
목표로 직장생활을 해왔다고 말했다. 이력서에 새로운 한 줄을 남길
수 있는 활동은 무엇이 있을까? 그는 학위 수여, 직무 관련 자격증
취득, 교육 과정 수료, 외국어 시험성적 갱신, 수행 프로젝트 추가,
책 출간 등의 다양한 활동을 예시로 들었다. 지속적인 자기계발
노력을 이력서 상에 꼼꼼히 기록해 가면서 자신의 성장 과정을
눈으로 볼 수 있게 관리하는 것이다. 이러한 노력을 기울인다면
본인의 경력 개발에 도움이 될 뿐만 아니라, 자연스럽게 몸값도
상승시키는 결과를 기대해 볼 수 있을 것이다.

매슬로우(Abraham Maslow, 1908~1970)의 욕구단계설에 따르면,
가장 상위 단계에는 '성장 욕구'가 존재한다. 인간이라면 누구나
성장하고 싶은 본능을 태생적으로 가지고 있다는 것이다. 수동적인
태도로 직장생활을 근근이 버텨내기만 해도 월급은 나오고, 소속된
조직에서 조금 더 연명할 수 있을 것이다. 하지만 이는 '생리적
욕구', '안전 욕구', '소속 욕구' 등으로 분류되는 하위 단계 욕구를

충족시키는 수준에 불과하다. 이러한 하위 수준의 욕구를 제아무리 채워본들 애초에 재미가 없는 직장생활이 크게 변화할 것이라 기대하기는 어렵다.

그나마 직장생활이 조금이라도 재미있어질 확률이 큰 쪽은, 최상위 단계인 '성장 욕구'를 공략하는 것이다. 취업을 하는 순간, 자신의 인생에서 '성장'을 위한 노력을 스스로 조기 중단해 버리는 사람들이 있다. 매우 안타까운 일이다. 취업은 끝이 아니다. 취업은 기나긴 직장생활의 시작일 뿐이다. 꽤나 긴 시간 이어가야 할 직장 생활을 조금이라도 재미있고 의미 있게 보내기 위한 가장 좋은 방법은 '성장의 즐거움'을 추구하는 것이다.

성장을 이끄는 코칭 질문 24

Question 1
당신은 일기를 적는 습관이 있나요? 당신의 일기에는 주로 어떤 내용이 담겨 있나요? 일기 외에 당신의 하루를 간단히 정리하는 또 다른 방법은 없을까요?

Question 2
새로운 무언가를 습관화하려면 당신에게는 어느 정도의 시간과 노력이 필요한가요?

Question 3
스스로 끊임없이 성장하고자 하는 의지를 자극하기 위해 당신은 어떤 노력을 하고 있나요? 혹은 앞으로 어떤 노력을 할 수 있나요?

성장의 흔적을 남기는 습관이 필요하다.

이제 그만 포기해야 할까요?

지훈이는 대단한 노력파였다. 노력한 만큼 보상이 돌아온다는 강력한 믿음을 가진 사람이었다. 취업의 과정에서도 그의 노력은 단연 돋보였다. 자기소개서 작성이든 면접 준비든 어느 것 하나 허투루 하는 게 없었다. 열심히 노력하다 보면 곧 좋은 결과가 있으리라는 기대로 그는 인내하였다. 그러나 그토록 기다리던 합격 소식을 듣기란 좀처럼 쉽지 않았다. 불합격 통보를 받을 때마다 그는 점점 괴로워했다. 시간이 지날수록 얼굴 한 번 보기가 힘들어지더니, 결국 외부와의 연락마저 모두 끊어버리게 되었다. 몇 개월이 지났을 때쯤 나는 우연히 지훈이를 만나 그의 이야기를 들을 수 있었다.

"점점 나 자신이 작아지는 기분이 들었어요. 처음에는 가벼운 아쉬움 정도였는데, 불합격 소식이 자꾸 쌓여만 가니깐 의기소침해지더라고요. 나만 뒤처지는 것 같아서 불안했고요. 이제라도 공무원시험 같은, 아예 다른 길을 찾아봐야 하는 건 아닐까 생각도 해봤어요. 선배, 취업은 이제 그만 포기해야 할까요?"

우리에게 익숙한 한자성어 중 '십중팔구(十中八九)'라는 표현이 있다. 직역하자면 '열 가운데 여덟 또는 아홉'이라는 뜻이고, '거의 예외가 없다'는 의미를 가지고 있다. 취업 과정에 '십중팔구'라는 표현이 딱 들어맞는 상황이 있다. 바로 불합격 통보를 받는 일이다. 최근 한 취업 관련 기관에서 실시한 설문조사에 따르면, 지원자들의 서류 전형 합격률은 약 11.5%라고 한다. 10명의 지원자가 있다고 가정하면 약 9명이 탈락하는 것이고, 10개의 회사에 입사 지원 서류를 제출했다면 9개 회사로부터는 불합격이라는 연락이 돌아오는 셈이다. 이 정도면 '서류 광탈'이라는 말이 왜 나왔는지 이해가 된다.

내 경험에 의하면, 애초에 서류 전형에서 떨어지면 그나마 상처가 덜했던 것 같다. 면접이라도 보고 온 회사로부터 불합격 소식이 들려오면 더욱 심한 좌절감을 느꼈다. 면접을 보는 동안 그 회사의 분위기를 간접적으로 경험하면서 나도 모르게 그곳에서 일하는 모습을 그려보았기 때문이다. 크게 상심하여 며칠을 침울해 있다가 다른 기업의 서류 제출 마감 기한을 놓쳐버린 적도 있었다.

이것은 비단 나만의 경험이 아닐 것이다. 지금 이 순간에도 불합격 소식을 받을 때마다 좌절하고 포기해 버리고 싶은 마음을 갖는 사람은 많을 것이다. 그렇다면 달갑지 않은 불합격 통보를 받을 때마다 매번 우리는 대책 없이 고통스러워야만 하는 것일까? 머리를 가득 채우는 부정적인 생각들로부터 빠르게 벗어나 보다 지혜롭게 내 마음을 바로잡을 수 있는 방법은 없을까?

취업스터디를 통해 만났던 1년 선배 유영민은 마음 관리에 능한 사람이었다. 우리 중 맏형이었던 그는 언제나 긍정적인 모습으로 스터디 모임을 잘 이끌어주었다. 그와 함께했던 스터디 모임도 여느 취업스터디와 다를 바 없이 줄줄이 들려오는 불합격 소식으로 인하여 분위기가 가라앉은 시기가 있었다. 그러던 중 한 번은 뜬금없이 그가 야구 이야기를 꺼냈다. 자신이 응원하는 구단의 아무개 투수의 투구 폼이 좋아졌다면서 올해의 '다승 투수'가 될 수 있지 않을까 예측해 본다고 하였다. 그리고 다승 투수가 될 만한 다른 구단의 선수들 이름까지 나열해 가며 신나게 설명을 이어갔다. 평소 수다에 재능이 있는 사람이라서 그런지, 야구를 잘 모르던 나도 이야기를 듣다 보니 점점 야구장에 가보고 싶다는 생각이 들 정도였다. 그런데 나에게 그의 야구 이야기가 더욱 흥미롭고 기억에 남은 진짜 이유는 따로 있었다.

"(각 구단의 투수진에 대한 긴 설명을 마치며) 그래서 내가 보기에 이번 시즌 다승 투수 1위는 분명히 김○○이 될 것 같아!

이번 주말에 선발 출전한다고 하니까 자소서 쓰다가 머리도 식힐 겸 챙겨들 보시라고! 그런데 사실 진짜 내가 하고 싶은 말은, 우리는 다승 투수가 될 필요가 없다는 거야. 그냥 1승 투수만 되면 충분하니까! 딱 1승만 하면 된다고!"

1승 투수가 되는 것으로 충분하다는 그의 말을 듣고서 나를 포함한 다른 친구들은 무슨 소리냐는 표정을 지었다. 우리들의 당황한 표정을 눈치 챈 듯 그는 곧바로 말을 이어갔다.

"어차피 우리 몸은 한 개이고, 갈 수 있는 직장도 하나뿐이잖아. 그렇다면 굳이 다승 투수가 되어서 뭐하겠어? 어떤 직장을 선택하는 게 최선일지 고민만 엄청 많아질 거야. 그리고 여러 대안 중에 겨우 하나를 골랐다고 치자. 절대 후회하지 않을 자신 있어? 조금만 힘들어지면 '그때 거기를 갔어야 했는데' 하면서 쓸데없는 생각이나 하겠지! 그럴 바에야 애초에 딱 1승만 하는 게 훨씬 속이 편할 것 같다는 거야. 그러니까 얘들아! 너무 부담 갖지 말자. 그냥 우리는 딱 1승만 하면 되는 거야."

그날 들은 1승 투수 이야기는 연이은 불합격으로 다소 의기소침해져 있던 나에게 큰 위로가 되는 동시에 마음속 긍정적인 화학작용을 일으켰다. 관점을 전환시키는 계기가 되었던 것이다. 나에게 꼭 맞고, 나를 반드시 필요로 하는 단 하나의 직장을 찾는 것에 주목하기 시작했다. 더 이상 불합격 소식이 들려와도 불안해하거나, 낙담하지 않았다. 오히려 너무 많아서 혼란스러운 선택지들 가운데 나에게 맞지 않는 자리들을 하나씩 지워가는 과정이라고 생각하게 되었다. 마치 객관식 시험문제를 풀 때, 오답을 하나씩 지워가며 마지막에 남는 단 하나의 정답을 찾는 기분으로 남은 취업 과정을 보낼 수 있었다.

불합격 소식을 마주하게 될 때면 관점을 전환시켜 보도록 하자. 떨어진 게 아니라 지운 것이라고 말이다. 내 앞에 펼쳐진 수많은 선택지 중에서 그저 내 자리가 아닌 오답 하나를 지워냈을 뿐이라고 생각해 보자. 아닌 것들을 하나씩 지워갈수록 진짜 내 자리가 드러날 확률은 조금씩 높아지게 된다. 시간은 좀 걸릴지 몰라도 결국에는 나를 필요로 하는 단 하나의 자리가 나타나게 될 것이다. 그렇게 하나씩 지워가면서 나의 자리를 찾아가는 것이 직장인이 되기 위해서라면 누구나 거쳐야 하는 '취업의 왕도'가 아닐까 싶다. 괴롭고 힘들지만 조금만 더 버티고, 한 번만 다시 도전해 보자. 고지는 곧 눈앞에 나타날 것이다.

성장을 이끄는 코칭 질문 25

Question 1

기존에 가지고 있던 시각과는 전혀 다른 관점을 가지기 위해서 당신은 어떤 방법을
시도해 볼 수 있을까요?

Question 2

당신의 주변에는 언제나 긍정적인 모습을 보여주는 사람이 있나요? 그 사람은
어떻게 긍정적인 모습을 지속적으로 유지할 수 있는 걸까요?

Question 3

전설적인 스포츠 스타들이 끝까지 포기하지 않고 극적인 승리를 얻을 수 있었던
이유는 무엇일까요? 타고난 운동 능력 외에 그들에게서 다른 외부 원인을
찾아본다면 무엇이 있을까요?

취업은 단 하나의 정답을 찾기 위해서
수많은 오답들을 지워가는 과정이다.

기업에 입사하여 '직장인의 삶'을 살아간다는 것은 세상을 보다 풍요롭게 만들어가는 매우 가치 있는 일이라고 할 수 있다. 우리들이 경험하는 모든 일상들은 기업 활동을 통해서 산출된 재화와 서비스로 가득 차 있기 때문이다. 각자의 일상을 되돌아본다면 기업이 제공하는 것들로부터 얼마나 많은 편익을 누리고 있는지 쉽게 알 수 있을 것이다. 나의 일상만 간략히 살펴보더라도 기업이 얼마나 우리의 삶 속에 깊숙이 자리하고 있는지를 발견할 수 있다.

내가 매일 출퇴근할 때마다 이용하는 시내버스는 '자동차 회사'가 만들었으며, 이를 운행하는 '운수 회사'의 서비스를 통해서 집과 사무실을 안전하게 이동할 수 있다. 사랑하는 가족들과 편히 휴식을 취할 수 있는 집이라는 공간은 '건설 회사'가 만들었다. 언제나 내 손에서 떠나지 않는 스마트폰은 '전자 회사'가, 내 아이의 손에서 떠나지 않는 장난감은 '완구 회사'가 만들었다. 또한 먹고 마시는 것들도 '식품 회사'가 만들고, '물류 회사'가 운반하여, '유통 회사'를 통해서 구매하게 된다. 이 정도면 생활 속 어느 것 하나도 기업의 손을 거치지 않은 것이 없다고 봐야 할 정도이다. 그리고 이처럼 다양한 기업의 모든 활동들은 바로 '직장인'을 통해서 이루어지고 있다.

이와 같이 기업이 우리 생활에서 차지하고 있는 영향력을 생각해 본다면, 직장인의 삶은 개인과 가정 그리고 더 나아가 사회 전체가 건강하게 유지되고 편익을 누리도록 기여하는 것이다. 다시 말해서 '취준생'에서 벗어나 '직장인'이 된다는 것은, 부여받은 각자의 역할을 성실히 수행함으로써 세상에 나름의 영향력을 흘려보내는 일이라고 할 수 있겠다. 따라서 직장인은 무거운 책임감을 가져야만 한다. 특히, 일을 하는 과정에서 도덕적인 책임감을 잃지 않도록 늘 깨어 있어야만 한다.

직장인이 일을 하는 과정에서 자신의 도덕적 책임을 완수하지 못할 경우에는 결과적으로 여러 가지 악재들을 초래하게 된다.

기업들의 제품과 서비스가 우리 생활 속에 깊숙이 침투해 있는 만큼 도덕적 해이로 인한 파급 효과도 매우 클 수밖에 없기 때문이다. 단순하게는 사람들이 '편익'이 아닌 '불편'을 경험하는 정도일 것이다. 그러나 이러한 것들이 쌓여서 커다란 비극이 된다는 것을 우리는 이미 겪어왔고, 잘 기억하고 있다. 가습기 살균제 파동, 오염물질 배출, 자동차 엔진 결함, 주가 조작, 분식 회계, 부실공사로 인한 건물 붕괴 등 두 번 다시는 겪고 싶지 않은 사건과 사고의 예시가 너무나도 많이 있지 않은가!

'깨진 유리창의 법칙'이라는 말을 한 번쯤은 들어보았을 것이다. 사소한 것을 그대로 방치하고 묵인하다 보면 언젠가는 더욱 큰 문제가 발생하게 된다는 이야기이다. 직장인의 삶도 마찬가지이다. 일을 하는 순간마다 도덕적 해이가 쌓이다 보면 언젠가는 결국 큰 사단이 나고야 만다. 따라서 직장인은 도덕적 예민함을 잃지 말아야 한다. 내가 하는 일이 옳은지, 선한 영향력이 아닌 악한 영향력을 흘려보내게 되는 것은 아닌지, 수시로 점검할 필요가 있다. 그렇다면 직장인으로서 도덕적 예민함을 지켜낼 수 있는 방법은 무엇이 있을까?

도덕적 예민함을 위해서 '뉴욕타임즈 법칙(이하 NYT 법칙)'을 기억하도록 하자. NYT 법칙이란, 어떤 일을 행하기 전에 지금 내가 하려는 행동이 다음 날 아침 뉴욕타임즈 신문 1면에 보도가 되더라도 떳떳할 수 있는지 스스로 물어보는 것을 의미한다. 그 물음에 대한 대답을 떠올려보았을 때, 만약 당당할 수 없거나 마음에 걸림이 느껴진다면 그 일을 진행하면 안 될 것이다. 반대로 마음에 거리낌이나 불편함이 전혀 없다면, 그 일은 진행해도 무방할 것이다. 요즘과 같은 시대라면 내가 하려는 일이 SNS에 실시간으로 공개가 되더라도 과연 떳떳할 수 있는지를 생각해 보면 되겠다.

선배 직장인들에 비하면 아직 한참 부족한 경험이겠지만, 나는 그동안 주변에서 도덕적 예민함을 잃어버린 탓에 안타까운 결말을 맞이한 다양한 사례들을 접해 왔다. 전 직장의 옆 부서에서는 지금

출납을 담당하던 한 직원이 개인 목적으로 회사 예산을 꾸준히 몰래 써오다가 적발되어 퇴출당하는 것을 본 적이 있다. 거래처를 도와주는 대가로 뒷돈을 은밀하게 받아오다가 내부 고발로 발각되어서 징계를 받은 부서장도 있었다. 초고속 승진을 하며 승승장구 하던 사람이 임원의 자리에 올라가자마자 미투(me too) 운동을 통해 직장 내 성희롱 가해자로 밝혀지면서 한순간에 몰락한 사례도 보았다.

이들도 처음부터 큰 문제를 일으키려고 작정을 하고 의도하지는 않았을 것이다. 다만 사소한 도덕적 해이가 차곡차곡 쌓이다 보니 결국 최악의 결말을 맞이하게 된 것이다. 만약 이들이 NYT 법칙을 알고, 직장에서의 매 순간마다 스스로의 행동이 정당한지 점검할 수 있었다면 지금과는 완전히 다른 현재를 살고 있지 않았을까?

앞에서 언급한 것처럼 세상은 기업의 제품과 서비스로 가득 차 있다. 따라서 직장인의 인생을 살아가는 것은 세상을 더욱 풍요롭게 만드는 매우 가치 있는 일이라고 볼 수 있다. 직장인 한 명, 한 명이 자신에게 주어진 과업을 어떻게 처리하느냐에 따라서 세상에 더욱 나은 가치를 제공할 수도 있고, 반대로 피해를 끼칠 수도 있다. 직장인 개인마다 나름의 영향력을 가지고 있기 때문이다. 이때 선한 영향력을 발휘하느냐 악한 영향력을 발휘하느냐를 구분하는 중요한 기준은 바로 개인의 '도덕성'이 될 것이다. 이는 '양심'이나 '윤리'라는 다른 단어로 바꿔 표현할 수도 있겠다.

나는 '취준생'에서 벗어나 '직장인'으로 성장하여 앞으로 우리 사회를 이끌어갈 후배들이 높은 도덕성을 가지고 일하기를 희망한다. 단순하고 쉬운 일을 할 때부터 스스로 떳떳한지 묻는 연습을 꾸준히 함으로써 더욱 높은 윤리의식을 가진 상태로 성장하기를 바란다. 직장인은 저마다 나름의 영향력을 가지고 있다고 설명하였다. 그런데 이 영향력은 구성원에서 중간관리자로 그리고 리더로 성장해 갈수록 점점 커지기 마련이다. 커지는

영향력만큼이나 각자의 도덕적 예민함의 수준도 함께 높아지길
바란다. 각 기업들이 높은 도덕성을 가진 직장인들로 채워져
있다면, 그들이 생산하는 제품과 서비스로 인해 우리가 살아가는
세상은 지금보다 더욱 건강해질 수 있으리라 기대해 본다.

| 감사의 글 |

흔히 사람의 말에는 특별한 힘과 영향력이 있다고 한다. 나는 이 말을 굳게 믿는 편이다. 말 한마디로 나에게 큰 영향력을 미친 고마운 사람들이 존재하기 때문이다.

전 직장에서 만난 친구 박현욱은 책 쓰기에 대한 나의 생각을 바꿔준 사람이다. 그는 누군가로부터 들은 이야기라면서 '부끄럽지 않은 첫 번째 책을 내려 한다면, 그것은 이미 한참 늦은 것'이라는 뼈있는 말을 전해 주었다. 이는 책 쓰기에 대한 막연한 두려움으로부터 벗어나 일단 도전할 수 있는 용기를 가지게 해주었다.

현 직장에서 만난 김한솔 수석님은 나의 행동을 바꿔준 사람이다. 생각과 아이디어를 보다 정교화하거나 누군가에게 전달하기 위해서 가장 효과적인 방식은 결국 '글'이기 때문에 기록하는 습관을 가져보라고 조언해 주었다. 그의 조언을 들은 뒤부터 오랫동안 묵혀두었던 생각들을 글로써 정리하기 시작하였다.

마찬가지로 현 직장에서 만난 정상화 실장님은 나의 마음을 바꿔준 사람이다. '당신은 이미 잘하는 사람이고, 앞으로 더욱 잘할 사람'이라는 긍정적 피드백을 수시로 해주셨다. 이로 인해 언제나 불안함에 쫓기듯 일하던 나의 모습에서 벗어나 자신감을 가지고 무엇인가를 주도적으로 추진할 수 있는 실행력을 얻을 수 있었다.

그들은 그저 내게 사소한 말 한마디를 던졌을 뿐일지 모르지만, 나에게는 글을 써내려가기 위한 생각과 행동 그리고 마음의 큰 전환점이 되었다. 이 기회를 빌려서 감사의 말씀을 드린다.

현재 내가 몸담고 있는 HSG 휴먼솔루션그룹의 최철규 대표님께서는 "회사가 직원에게 제공할 수 있는 최고의 복지는 좋은 동료들과 함께 일할 수 있게 해주는 것"이라는 말씀을 자주 강조하신다. 그러한 측면에서 보았을 때, 현재 나는 최고의 복지를 누리고 있다고 생각한다. 닮고 싶은 점을 많이 가지고 있는 사람들과 함께 일하면서 성장을 위한 긍정적 자극을 지속적으로 받고 있기 때문이다. 호기심을 잃지 않는 청년정신으로 무장한 모든 휴솔맨들에게 감사의 말씀을 드린다.

무엇인가를 물어본다는 일에는 큰 용기가 필요하다. 학교 수업시간에 궁금한 게 있더라도 질문해도 될까 말까를 망설이기만 하다가 그만둔 적이 많지 않았던가! 취업에 대한 궁금증이 있다며 나에게 질문을 해준 모든 후배들의 용기에 박수를 보낸다. 그들의 질문은 나를 고민하게 만들었고, 그 덕분에 이 책은 탄생할 수 있었다. 궁금한 것을 적극적으로 질문할 수 있는 용기를 가진 후배들에게 감사의 말씀을 드린다. 박성진, 이종찬, 박지민, 윤아영, 김예지, 시예지, 조하경, 강설화, 김민상, 조하늬, 김수형, 전선영, 전다희, 정혜진, 최창웅, 김인섭, 조문성, 변승연, 김옥정, 유희지, 유선재, 김지현, 이부용, 강종우 등 나와 함께 고민을 나누었던 후배들 모두에게 감사의 말씀을 드린다.

누군가가 인생에서 가장 중요한 가치가 무엇이냐 물어본다면 나는 망설임 없이 가족이라고 대답한다. 가족의 사랑이 없다면 그 어떤 것도 내게는 무의미할 것이다. 자신의 유익만 구하지 말고 타인의 유익까지 구하자는 사명을 가지고 함께 살아가고 있는, 사랑하는 나의 아내 박서진에게 고마움을 전한다. 아내의 헌신이 없었다면 끝까지 원고를 마무리할 수 없었을 것이다. 존재 그 자체가 기쁨인 우리의 아들 임아준, 그리고 존경하는 우리의 부모님 임관일, 장충현, 박상민, 김인경에게 특별한 감사의 말씀을 드린다. 원고에 힘을 실어주기 위하여 멋진 손 그림으로 기꺼이 재능을 기부해 준 나의 동생 임해리에게도 이 자리를 빌려 고마움을 전한다.

마지막으로 세상에 선한 영향력을 흘려보낼 수 있도록 한없이 부족한 나를 선택하여 사용하시는 하나님 아버지께 무한한 감사의 말씀을 드린다.

참고한 책들

존 휘트모어 『성과 향상을 위한 코칭 리더십』 김영사, 2007

안젤라 더크워스 『그릿』 비즈니스북스, 2016

루 아들러 『100% 성공하는 채용과 면접의 기술』 진성북스, 2016

마커스 버킹엄 『나를 가슴 뛰게 하는 에너지 강점』 위즈덤하우스, 2009

도널드 클리프턴 · 톰 래스 『위대한 나의 발견 강점 혁명』 청림출판, 2017

프랭크 세스노 『판을 바꾸는 질문들』 중앙북스, 2017

라즐로 복 『구글의 아침은 자유가 시작된다』 알에이치코리아, 2015

한근태 · 백진기 · 유재경 『면접의 힘』 알에이치코리아, 2015

송숙희 『150년 하버드 글쓰기 비법』 유노북스, 2018

오마에 겐이치 『난문쾌답』 흐름출판, 2012

전영민 『어떻게 일하며 성장할 것인가』 클라우드나인, 2014

이주형 『지적인 생각법』 위즈덤하우스, 2014

선택받는
인재의
조건

초판 1쇄 발행 2019년 9월 25일

지은이 임승엽
그림 임해리

펴낸이 김제구
펴낸곳 리즈앤북
편집디자인 김태욱
인쇄 · 제본 한영문화사

출판등록 제2002-000447호
주소 04029 서울시 마포구 잔다리로 77 대창빌딩 402호
전화 02) 332-4037
팩스 02) 332-4031
이메일 ries0730@naver.com

값은 뒤표지에 있습니다.
ISBN 979-11-86349-92-2 13320

이 도서는 한국출판문화산업진흥원의 '2019년 출판콘텐츠 창작 지원 사업'의
일환으로 국민체육기금을 지원받아 제작되었습니다.